KB202349

**나르시시스트에게
웃으며 거리 두는 법**

무례한 사람으로부터 나를 지키는 현명한 태도

나르시시스트에게
웃으며 거리 두는 법

© 오수아 2025

인쇄일 2025년 5월 29일
발행일 2025년 6월 5일

지은이 오수아
펴낸이 유경민 노종한
책임편집 권혜지
기획편집 유노북스 이현정 조혜진 권혜지 정현석 **유노라이프** 구혜진 **유노책주** 김세민 이지윤
기획마케팅 1팀 우현권 이상운 **2팀** 이선영 최예은 전예원 김민선
디자인 남다희 홍진기 허정수
기획관리 차은영
펴낸곳 유노콘텐츠그룹 주식회사
법인등록번호 110111-8138128
주소 서울시 마포구 월드컵로20길 5, 4층
전화 02-323-7763 **팩스** 02-323-7764 **이메일** info@uknowbooks.com

ISBN 979-11-7183-108-1 (03190)

나르시시스트에게 웃으며 거리 두는 법

★ 무례한 사람으로부터 나를 지키는 현명한 태도

오수아 지음

유노
북스

나르시시스트 때문에 힘겨운 당신에게

참 많은 나르시시스트를 만났다. 당장 정신과 치료를 받아도 전혀 이상하지 않은 악질의 나르시시스트부터 젊은 여자 나르시시스트, 사방팔방 이간질을 하던 골목대장 나르시시스트, 뼛속까지 열등감으로 가득 차 폭력을 일삼던 나르시시스트, 자신의 불행을 배우자 탓으로 돌리며 화를 냈던 나르시시스트, 자녀와 배우자를 마구 휘둘러 대던 나르시시스트, 가스라이팅과 깎아내리기로 연인을 힘들게 한 나르시시스트까지.

이 책의 목적은 오직 하나다. 더 많은 사람이 3대 인격 장애 중 하나인 나르시시스트를 인지하는 것이다. 그래야 재빨리 그들로부터 도망칠 수 있다. 하지만 현실적으로 나르시시스트에게서 도망치기란 쉽지 않다. 혹시 도망치지 못하는 상황이라면 그들과 더 이상 엮이지 않고 웃으며 안전거리를 유지하는 방법을 알려 주고자 한다. 이마저도 어려워 그들과 싸워야 한다면 그들을 제압하는 방법까지 이야기해 보려고 한다.

　나르시시스트는 변하지 않는다. 그래서 이들에게 어떤 변화를 기대하기 어렵다. 물론 나르시시스트를 잘 다독여서 함께 하겠다는 관대함을 품은 사람도 있을 것이다. 그렇게 마음먹지 않으면 좋겠다. 우리는 각자 소중한 인생이 있다. 나르시시스트까지 품기에는 우리의 시간이 너무 아깝다.
　이 책을 통해 결국에는 나르시시스트와 안전하게 거리를 두는 과정에서 우리가 미처 깨닫지 못한 '나의 소중함'에 대해 이야기하고 싶었다. 한때는 나르시시스트의 희생양으로 한국을 떠나기까지 했던 내가 이제는 나르시시스트의 덕분에 나를 더 사랑하게 된 것처럼 말이다.

　나르시시스트를 만난 일은 우리가 뭘 잘못해서가 아니다. 조금 운이 없었을 뿐이다. 다만 나르시시스트를 어떻게 대응하느냐는 개인의 선택이다. 자신의 선택에 따라서 이 불운도 인생의 기회로 만들 수 있다. 그러니 한번 꼭 자신의 삶을 스스로 구하는 선택을 했으면 한다.

나르시시스트로 인한 고통을 누구보다 잘 알고 있다. 나 역시 빛 한줄기 없는 칠흑 같은 어두운 숲속을 걸어 봤고, 누굴 믿어야 할지 판단이 서지 않는 외로운 밤도 보내 봤다. 또한 나르시시스트가 만든 온갖 흉악한 짓에 완벽한 비웃음거리가 돼 봤기에 이 말을 여러분에게 전하고 싶다.

"나르시시스트 별거 아니다."

1장
좋은 사람인 줄 알았는데
나르시시스트였다니!

나르시시스트의 존재 인식하기

2장

그건 너의 감정이지
내 감정이 아니야

나르시시스트의 감정놀음에서 벗어나기

3장

아닌 건 아니라고
말할 줄 알아야 해

나르시시스트의 궤변을 받아치는 기술

4장

알고 보면
나는 정말 강한 사람이다

나르시시스트에게서 나를 지키는 태도

1장

좋은 사람인 줄
알았는데
나르시시스트였다니!

나르시시스트의 존재 인식하기

나르시시스트,
그들은 누구일까?

—

자기애성 인격 장애

　MZ 세대가 가장 경계하는 대상 1호가 '나르시시스트'라는 내용의 기사를 봤다. 그 기사를 보고 마음속에서 이루 말할 수 없는 안도와 희열을 느꼈다. 드디어 사람들이 나르시시스트의 존재를 인식하기 시작했다는 마음이었다. 이미 심리학에서는 나르시시스트를 사이코패스, 소시오패스와 함께 3대 인격 장애로 규정하고 있지만 많은 사람이 이 사실을 모른다. 오랫동안 나르시시스트는 가정과 조직 그리고 개인을 피폐하게 만들었다. 하지만 그 심각성에 대해서는 사회적으로 크게 논의되지 않았다.

　나르시시스트를 생각하면 한 인물이 떠오른다. 제2차 세계 대전의 주범인 독일의 아돌프 히틀러다. 그는 삐뚤어진 자기애로 가득 찬 전형적인 나르시시스트로, 자신이 세상을 구원할 전지전능한 신이라 믿었다. 당시 많은 나치가 히틀러를 추앙했는데, 이들을 나르시시스트의 조력자인 플라잉 몽키(flying monkeys)로 볼 수 있다. 플라잉 몽키는 뒤에서 더 자세히 설명하겠다.

히틀러 같은 나르시시스트의 사례는 먼 나라 이야기가 아니다. 그동안 우리가 인지하지 못했을 뿐이지 의외로 우리 주변에도 나르시시스트가 많다. 이들의 특징을 간단히 말하면 늘 자신이 중심이어야 하고, 주변 사람들에게 칭찬과 인정을 과할 정도로 요구한다. 특권 의식이 가득해 자기보다 조금이라도 잘난 사람이 있다면 이유 없이 깎아내린다. 자기 마음대로 되지 않으면 이유 없이 격노를 쏟아 내며 사람들을 괴롭힌다.

나르시시스트의 특징을 읽고 있는 지금, 아마도 당신의 머릿속에 떠오르는 사람이 있을 것이다. 그동안은 그냥 좀 괴팍한 사람이거나 성격이 유별난 사람 정도로만 생각했을 수 있다. 하지만 이들은 그렇게 간단한 존재가 아니다. 이제는 성격의 문제가 아니라 인격 장애로 눈을 돌려야 할 때다.

나르시시스트 정확히 알기

나르시시즘의 심리학적 토대를 모르는 사람들은 나르시시스트를 '자신을 사랑하는 사람'이나 '자존감이 높은 사람' 정도로 생각한다. 하지만 나르시시스트는 정확히 그 반대로, 타인을 괴롭히는 감정 파괴범에 해당한다. 물론 나르시시즘이 모두 나쁜 것만은 아니다. 대체로 인간은 일정 부분 나르시시즘을 갖고 있다. 그러나 모두가 다른 사람을 괴롭히지 않는 것처럼 나르시시즘은 건강한 부분부터 건강하지 않은 부분까지 스펙트럼화돼 있다. 여기서 문제가 되는 것은 건강하지 않은 나르시시즘으로만 구성된 자기애성 인격 장애다.

나르시시스트는 자신의 자존감을 건강하게 유지할 내면의 안정감이 약하다. 자존감이 낮다는 표현보다 자존감의 안정성이 없다는 표현이 정확하다. 또한 자신의 무의식 속 수치심을 용인하지 못하고 그 수치심을 누군가 자극했을 때 견디는 인내력도 없다. 하지만 이들은 이런 내적 결함을 스스로 해결하지 않고 타인에게 투사하여 타인의 삶을 피폐하게 만든다. 투사(projection)란 나르시시스트가 자신의 모습을 인정하지 않고 상대방에게 감정을 넘기는 것으로 일종의 방어 기제다. 투사는 뒤에서 더 자세히 설명하겠다.

그렇다면 나르시시스트의 특징은 무엇일까?

첫 번째, 자기애적 격노를 분출한다.

자신이 중심이 돼야 하고 사랑과 인정을 독차지해야 하는 나르시시스트는 조금이라도 자신의 자존감에 손상 가는 일이 생기면 가차 없이 '자기애적 격노(narcissistic rage)'를 퍼붓는다. 이들은 보통 사람이 다양하게 느끼는 슬픔, 아쉬움, 섭섭함, 짜증의 감정을 다루지 못하고 오직 분노를 통해서 감정을 해소하려고 한다.

실제 자아와 자신이 만든 허구의 자아 사이의 간극이 클수록 나르시시스트는 과대화된 자아상을 유지하기 위해 애를 쓴다. 하지만 나르시시스트는 원체 자존감이 빈약하고 내면이 공허하다 보니 자신이 만든 환상 속의 세계관을 유지하기가 어렵다. 이들은 자신의 환상 속 세계관에 부합하지 않으면 사소한 비난에도 극심한 불안에 시달리고, 그 불안이 격노로 변한다. 상대방 입장에서 이런 나르시시스트의 분노는 좀처럼 납득하기가 어렵다.

나르시시스트는 자신의 고통을 타인에게 떠넘기고 자신은 그 감정에서 해방되길 원한다. 이들의 격노는 마치 분노 조절 장애처럼 보이지만 나름대로 분별력을 갖고 있다. 나르시시스트는 강한 사람 앞에서는 철저하게 감정을 통제하고 자기보다 약한 사람에게는 분노를 표출한다.

두 번째, 공감 능력이 결여돼 있다.

즐겁게 이야기하다 보면 묘하게 핀트가 어긋나는 사람이 있다. 어디가 문제라고 꼭 짚어서 말하긴 어렵지만 대화를 하면 기분이 좋지 않고, 뭔가 정서적으로 안 맞는 듯한 사람이 있다. 나르시시스트가 그렇다. 이들은 처음에 쾌활한 척, 밝은 척, 적응을 잘하는 척, 호응을 잘하는 척하며 정서적 공감 세계에서 자신의 정체를 드러내지 않는다. 하지만 이들과 대화하다 보면 내 말이 메아리쳐 돌아오거나 당연히 공감이 나오겠거니 생각할 때 공감 대신 나르시시스트의 이야기가 나온다.

나르시시스트는 '정서적 공감' 능력이 떨어진다. 자기의 행동이 타인에게 어떤 피해를 주고, 타인이 얼마나 괴로울지 등 타인의 상황에 대해서 공감하지 못한다. 이들은 유아기적 미성숙한 단계에서 더 이상 공감 능력이 발달하지 않은 상태다.

많은 사람이 공감 능력의 부족을 상대의 이야기에 호응하지 못하는 수준으로만 생각한다. 그래서 기계적으로 열렬히 호응해 주는 사람이 공감을 잘한다고 생각한다. 하지만 우리는 어릴 때부터 상황에 맞게 말하도록 학습하기 때문에 사회화된 인간이라면 누구나 인지적 공감이 가능하다. 반면에 타인의 상황, 아픔, 기쁨을 자신의 감정처럼 느끼는 정서적 공감은 공감 능력을 갖춘 사람만이 할 수 있다. 이 두 가지를 구분할 수 있다면 나르시시스트의 공감 능력에 대해서도 명확하게 구분할 수 있다.

02

그들은 왜
나르시시스트가 됐을까?

—

공감 능력 결여

오래전부터 나르시시스트가 만들어지는 원인에 대한 연구가 활발했다. 정신 분석학의 창시자인 심리학자 지그문트 프로이트는 일차적 자기애와 이차적 자기애로 나르시시스트를 설명했다. 보통 사람은 자신이 전지전능하다고 생각하는 일차적 자기애에서 머무르지 않고, 주변 사람에게 사랑과 관심을 주며 자신이 전지전능하지 않다는 사실을 깨닫는다. 반면 나르시시스트는 사랑과 관심을 자신에게 고정하는 이차적 자기애 상태에 머무른다.

자기 심리학의 창시자인 하인츠 코호트는 어린 시절에 자신이 세상에 중심인 것 같은 과대화된 자아상을 갖고 있어도 성장하면서 좌절과 실패를 거치며 적당한 크기로 자아상이 다듬어지는데 나르시시스트는 이 과정이 없다고 설명한다.

또한 정신과 교수이자 정신 분석학자인 오토 프리드먼 컨버그에 따르면 건강한 정체성은 어린 시절의 주 양육자에 대한 긍정적인 정체성과 부정적인 정체성이 분화됐다가 통합되는 과정을 거쳐 형성된다고 한다. 하지만 나르시시스트의 경우에는 정체성의 통합이 아닌 혼미를 경험한다고 한다. 정체성의 혼미는 극단적 이상화와 극단적 평가 절하의 양극단을 오고 가며 통합을 이루지 못한다. 그 과정에서 나르시시스트는 과대화된 자아상을 떠받들기 위해 자신의 자아상에 부합하지 않는 것은 모두 배척하거나 타인에게 투사한다. 결국 실제 자기상은 남아 있지 않고 자신이 집착하는 과대화된 자아상만 남는다.

기질인가 양육인가

나르시시스트가 되는 원인이 선천적인 기질로 보는 의견과 양육의 결과로 보는 의견으로 분분하다. 실제로 나르시시스트는 태어날 때부터 예민한 아이일 확률이 높아 기질 측면에서 타고 나기도 한다는 연구 결과가 있다.

반면에 양육의 결과로 보는 관점에 따르면 어린 시절 적절한 실패와 좌절의 경험이 부족하면 나르시시스트가 된다. 보통 어린 시절에 좌절을 경험하며 내가 세상의 중심이 아니라는 사실을 배우는데, 이런 과정 없이 성장하면 나이를 먹어도 여전히 자신이 세상의 중심인 것처럼 사고한다는 것이다. 반대로 어린 시절부터 너무 많은 좌절과 실패를 경험하면 오히려 이런 현실을 외면하기 위해 과대화된 자아를 만들어 낸다고 한다.

또한 어릴 때부터 '잘한다'는 말만 들으며 성장한 아이는 주변의 인정과 칭찬에 의지해 자아를 형성해 가는데, 이런 사람은 칭찬이 없을 때 민감하게 반응하고 인정받기 위해 양육자가 만든 자아상에 집착하게 된다. 그리고 부모가 나르시시스트일 경우 자녀 역시 나르시시스트의 성향을 보일 확률이 높다.

안타깝게도 이렇게 성장한 나르시시스트를 변화시키기는 어렵다. 그래서 우리 주변에 있는 나르시시스트를 빠르게 알아보고 피하는 것이 중요하다.

숨기려고 해도 결국 드러나는 것

A는 한 건설 현장의 중간 관리자다. 어느 날 동료가 작업을 하다 넘어져 다치는 일이 발생했다. 부서원들은 모두 다친 동료에게 다가가서 걱정하며 뒷수습에 집중했다. 하지만 A는 멀리서 지켜보며 "괜찮나요?"라는 형식적인 말만 했다. 그리고 "오늘 고생했어요"라고 말하며 냉담한 얼굴로 퇴근했다.

나르시시스트가 숨기려고 해도 숨길 수 없는 것이 있다. 바로 정서적 공감 능력이다. 나르시시스트가 아무리 정서적 공감 능력을 학습해서 표현한다 해도 한계가 있기 때문에 자연스럽게 겉으로 티가 난다. 이들은 공감하기 어려울 때 나타나는 눈빛과 표정을 숨길 수가 없다. 따라서 나르시시스트를 피하기 위해서는 이들의 부족한 정서적 공감 능력을 빠르게 파악하는 것이 관건이다.

요샛말로 나르시시스트는 '티키타카'가 되지 않는다. 말장난이나 농담을 할 때는 그들의 부족한 공감 능력이 잘 드러나지 않지만 공감을 주고받아야 할 이슈에서는 확연히 드러난다. 이들은 상대의 기분이나 욕구에 대한 공감 능력이 없기에 어떤 말로 위로해야 하는지, 어떤 말로 기뻐해야 하는지 모른다. 다 함께 기뻐할 주제를 말해도 이들의 반응은 보통 사람들의 반응과 다르다. 어딘지 어색하고 차갑다.

드라마 〈폭싹 속았수다〉의 인물 중 주인공 금명이의 첫 남자친구인 영범의 어머니를 떠올려 보자. 영범의 어머니가 바로 나르시시스트다. 그는 아들인 영범을 자신의 프라이드로 여기며 아들을 자신의 연장선으로 생각한다. 예비 며느리인 금명이의 가족은 자신들과 급이 맞지 않다고 생각하고 함부로 대한다. 사돈이자 금명이의 엄마인 애순의 예복 색상마저도 통제하고, 막말을 쏟아 내며 결국 파혼하게 만든다. 하지만 금명이와 금명이의 가족, 자기 아들이 받았을 상처와 고통에 대해서는 냉담하다.

나르시시스트는 어떤 주제에 반응할 수 없을 때 대화의 흐름을 자신의 이야기로 재빨리 바꾼다. 자신의 이야기로 바꿀 소재가 없을 때는 유사한 제삼자의 사례를 말하며 대화의 흐름에서 벗어나려 한다. 또한 상대방이 말하는 주제가 자신의 수치심과 질투심을 자극했다면 이들은 제삼자를 끌어들여 와 상대방과 이간질한다.

결국 나르시시스트의 정체는 들통날 수밖에 없다. 이렇게 정체가 까발려지면 이들은 가면을 벗어던지고 냉담한 얼굴로 돌변한다. 그리고 자기 말을 무조건 수용하지 않거나, 자기편이 아니라고 생각되면 적으로 간주하고 분노한다. 그동안 쓰고 있던 공감 가면을 집어 던지고 자제력을 잃는다.

나르시시스트에게 당한 피해자 입장에서는 그동안 괴팍한 사람으로만 알고 있었던 사람을 나르시시스트로 분류하는 과정만으로도 절반은 성공한 셈이다. 나르시시스트의 존재를 인지하지 못한 채 나르시시스트의 행동 원인을 자기 잘못으로 착각하고 죄책감을 느끼는 피해자가 다수다. 나르시시스트를 인식하는 것만으로도 당신은 이미 반쯤 전문가가 된 셈이다.

03

나를 힘들게 한 그 사람이
나르시시스트였다고?

—

내현적 나르시시스트

정신 분석가 오토 컨버그는 나르시시스트를 자아 과대성에 따라 외현적 나르시시스트와 내현적 나르시시스트로 구분했다. 그는 외현적 나르시시스트는 자신이 특별한 사람이라는 환상에 사로잡혀 자신의 능력을 과시하며 사람들에게 인정받기를 원한다고 말한다.

반면 내현적 나르시시스트는 자아 과대성이 눈에 확연히 드러나지 않아 매력적인 사람까지는 아니더라도 친절한 사람, 좋은 사람으로 이미지 메이킹 해 집단에 은밀하게 침투한다고 설명한다. 그렇다고 내현적 나르시시스트가 사람들의 인정과 칭찬에 관심이 없는 건 아니다. 오히려 내현적 나르시시스트가 외현적 나르시시스트보다 인정과 칭찬에 더욱 목을 맨다.

내현적 나르시시스트는 어떻게 행동할까?

과대성에 따라 구별이 달라질 뿐 나르시시스트의 기저 심리는 똑같다. 외현적 나르시시스트는 우리가 대중 매체를 통해 많이 접했기에 쉽게 인식할 수 있지만 내현적 나르시시스트는 괴롭힘을 당하는 상대 외에는 잘 인지하지 못한다. 그래서 내현적 나르시시스트 고유의 특성을 정리했다.

첫 번째, 자신의 취약한 점을 공개한다.

내현적 나르시시스트는 자신의 공격성을 사람들에게 티내지 않는다. 그들은 오히려 자신이 타깃으로 삼은 자에게 자신의 취약한 점을 먼저 공개한다. 누구라도 들으면 감정이 동요할 불우한 어린 시절, 직장 생활의 힘든 점을 이야기하면서 상대가 연민을 느끼게 만든다. 이렇게 나르시시스트는 상대를 감정적 무방비 상태로 만드는 미끼를 던진다.

이런 스토리를 마치 이미 다 외워서 지루해진 시나리오 대사를 읊듯이 말한다. 토씨 하나 틀리지 않고 이야기하다 보니 자신이 누구에게 말했는지조차 헷갈려 상대에게 반복적으로 말하는 경우가 많다. 내현적 나르시시스트는 이렇게 먼저 자신의 약점을 드러내면서 상대방에게도 비밀 이야기를 공유해 달라고 조른다.

　두 번째, 수동적 공격을 한다.

　외현적이든 내현적이든 상대를 향한 분노, 질투를 표현하기 위해 수동적으로 공격한다. 하지만 공격성을 표현할 때 주로 사용하는 방법은 다르다. 외현적 나르시시스트는 수치심과 무능감이 자극받으면 격노를 퍼붓는 반면 내현적 나르시시스트는 침묵, 투명 인간 취급하기, 일부러 일하지 않기 등 수동적 공격을 더 자주 한다. 외현적 나르시시스트의 공격성은 누구나 알 수 있지만 내현적 나르시시스트의 공격은 주변 사람이 모르게, 집요하게 나타난다.

　예를 들어 내현적 나르시시스트는 집단 내에서 비난할 대상을 만들기 위해 몇 명을 자기편으로 만든다. 다섯 명으로 구성된 그룹이 있으면 내현적 나르시시스트는 그 안에서 세 명을 자기편으로 만들어 두 명을 비난한다. 두 명이 떨어져 나가면 세 명 중에 또다시 한 명을 편으로 만들어 또 다른 한 명을 비난한다. 그 과정에서 직접적인 형태가 아닌 간접적인 형태로 은밀하게 상대를 공격하는 수동적 공격법을 사용한다.

　또한 시기와 질투가 심해 상대방이 소유한 물건 외에도 상대방의 지인, 이성 친구까지도 탐낸다. 그래서 상대의 지인이나 연인을 유혹하기 위해 애정 공세를 퍼붓기도 한다. 질투심은 상대를 은근히 깎아내리는 방식으로 돌려서 드러낸다.

세 번째, 과도한 희생으로 상대에게 죄책감을 씌운다.

내현적 나르시시스트 중에는 주변 사람들이 나르시시스트라는 걸 알아차리지 못하도록 만들기 위해 지나친 희생과 필요 이상의 겸손을 보이는 경우가 있다. 내현적 나르시시스트의 희생은 착한 사람의 정도가 아니라 노예의 삶 같아서 상대를 부지불식간에 의존하게 만든다. 이것 역시 사람을 옭아맬 수 있는 미끼가 되고, 자신을 떠나려고 하는 사람에게 죄책감을 느끼도록 만든다.

예를 들어 내현적 나르시시스트 A는 B의 사생활에 침투하기 위해 반복적으로 온갖 산해진미를 요리해 주고 집안일도 해 줬다. A의 행동을 보고 B는 죄책감을 느끼게 됐고, B가 이런 감정을 느끼는 사이 A는 B의 일상에 침투해 통제권을 얻었다.

네 번째, 충동적으로 행동한다.

스포트라이트를 받기 위해 노력하는 외현적 나르시시스트와 달리 내현적 나르시시스트는 스포트라이트를 극도로 싫어한다. 자신의 단점이 부각되기 때문이다. 그래서 얼핏 보면 조용하고 겸손하게 보이지만 이들은 늘 내면이 공허하고 감정이 안정적이지 않다.

　감정적으로 불안한 내현적 나르시시스트는 충동적인 행동을 반복한다. 탕진할 만큼 필요 없는 물건들을 산다. 낭비벽이라고 할 정도로 충동적이어서 자다가 새벽에 눈이 떠지면 핸드폰을 열어 눈에 보이는 아무 물건이나 구입한다. 며칠 후에 물건이 와도 자신이 물건을 샀는지조차 기억하지 못한다. 이 외에도 폭식하거나 성관계에 집착한다.

　다섯 번째, 공감하는 척한다.

　외현적 나르시시스트와 마찬가지로 내현적 나르시시스트 역시 공감 능력이 없다. 공감 능력이 있는 척하기 위해 방법을 학습하며 상대의 말을 따라 한다. 마치 상업화되지 않은 초기 AI 모델처럼 말이다.

　인터넷에 악성 댓글을 쓰는 사람 중 내현적 나르시시스트가 많다. 이들은 소심하고 주목받는 것을 싫어하기 때문에 자신을 드러내지는 못하면서 시기와 질투의 감정을 익명으로 여과 없이 드러낸다. 2017년에 쓰인 학술지 〈성격과 개인차(Personality and Individual Differences)〉에 따르면 정서적 공감 능력이 낮고 인지적 공감 능력이 높을수록 악성 댓글을 쓸 가능성이 크다는 연구 결과가 나왔다.

여섯 번째, 언제나 불쌍한 피해자처럼 행동한다.

이들은 외현적 나르시시스트처럼 겉으로 공격성을 드러내거나 자신의 능력을 과시하지는 않지만 자신의 무능감이 드러나는 것은 끔찍이 두려워한다. 그래서 자신의 수치심을 자극하는 모든 것을 맹목적으로 비난하고 깎아내린다. 또한 자신의 정체를 숨기고 주변 사람들을 이용해 희생양을 고립시킨다. 희생양을 조용하지만 은밀하게 고립시킨 다음 괴롭힌다. 이 과정에서 나르시시스트는 자신이 가해자임에도 늘 불쌍한 피해자가 돼 오히려 주변 사람들의 관심과 위로를 받는다.

일곱 번째, 극심한 감정 기복을 보인다.

내현적 나르시시스트는 주변의 사랑과 관심, 인정이 절대적으로 필요한 사람이라 이것이 충족되지 않으면 자신의 지나친 희생을 볼모로 주변 사람에게 죄책감을 씌운다.

"내가 이렇게까지 했는데 고마운 걸 몰라?"

이런 말을 하면서 끊임없이 주변 사람들에게 본인을 칭송해 달라고 요구한다. 그래서 내현적 나르시시스트의 감정 기복은 롤러코스터급이다. 이들은 아주 사소한 비난도 곱씹으며 분노하고 상대를 공격하며 깊은 우울감에 빠진다. 반대로 상대가 아주 사소한 일도 긍정적으로 평가하면 하늘을 날 것처럼 기뻐한다.

예를 들어 탕비실을 깨끗하게 정리한 나르시시스트에게 부서장이 "덕분에 탕비실이 깨끗해졌네요"라고 칭찬했다. 통상적인 칭찬인데도 내현적 나르시시스트는 신나서 만나는 사람마다 "우리 부서장이 나를 많이 예뻐해"라고 말하며 인간관계로까지 확장한다. 나르시시스트는 인간관계를 적과 아군의 흑백 논리로 보기 때문에 자신에게 칭찬한 부서장을 아군으로 편입시키고 동맹을 맺으려고 한다.

내현적 나르시시스트는 외현적 나르시시스트에 비해 자존감이 더 낮아 자신의 낮은 자존감에 대한 방어 기제로 이렇게 말하기도 한다.

"저는 어릴 때부터 사랑을 많이 받아서 자존감이 높아요."

진짜 자존감이 높은 사람은 사람들의 관심과 사랑을 받기 위해 애쓰지 않는다. 자신이 이미 괜찮은 사람인 것을 알기에 타인의 인정 없이도 자존감이 유지된다. 하지만 내현적 나르시시스트는 이 사실을 모른다. 그래서 오히려 자존감 높은 척을 자주 한다. 한편 불안정한 자존감과 정체성으로 망상 장애나 자신에게 불리한 것을 완전히 기억하지 못하는 해리 현상을 보이기도 한다.

가까운 사람에게 더 폭력적인 그들

내현적 나르시시스트는 평소에 외현적 나르시시스트처럼 격노하지 않지만 부모나 가까운 사람에게는 외현적 나르시시스트와 같은 공격성을 보인다. 사람들 앞에서는 인자한 척, 따뜻한 척, 상대를 배려하는 척하다가 일대일 상황에서 돌변한다. 자제력을 잃고 심하게 동요한다.

"네가 감히 나를 벗어나려고 해?"

외현적 나르시시스트와 달리 내현적 나르시시스트는 당하는 사람 외에는 이들의 괴롭힘을 주변에서 쉽게 알지 못한다. 그래서 외현적 나르시시스트보다 내현적 나르시시스트에게서 벗어나기가 더 어렵다. 이런 경향은 특히 부부일 때 많이 나타나는데, 내현적 나르시시스트와는 이혼도 어렵다. 미묘한 가스라이팅과 정서적 학대를 증빙하기가 어렵고 무엇보다 내현적 나르시시스트가 겉으로는 괜찮은 사람인 척 연기하기 때문에 사람들을 속이기가 쉽다.

예를 들어 A는 나르시시스트인 배우자 B와 이혼 재판을 진행 중이다. B는 판사와 변호사 앞에서 자신을 성숙한 사람으로 포장하고, 이혼하려는 A를 정신적으로 문제가 있는 사람으로 만들었다. 또한 B는 A 때문에 그동안 결혼 생활이 힘들었지만 그럼

에도 자신은 한결같이 A를 사랑했다고 말했다. 판사나 변호사 입장에서는 A가 왜 B처럼 좋은 사람과 헤어지려고 하는지 의아할 뿐이다.

이처럼 나르시시스트를 배우자로 둔 사람들은 처음엔 사랑인 줄 착각하고 산다. 직장에서도 나르시시스트들의 가스라이팅이 나를 향한 도움이고 나를 위한 말인 줄 착각한다. 그러면서도 마음 한편에 늘 찝찝함이 남아 있다. 뭔가 딱 꼬집어 설명할 수 없지만 이런 생각이 지워지지 않는다.

'이 사람과 괜찮을까?'
'이 관계가 맞을까?'

이 시그널을 계속 무시하면 우리는 정서적 학대인지 분간도 못 하는 상태에 놓인다. 그럼 내현적 나르시시스트를 어떻게 대처할 수 있는지 물을 수 있겠다. 가장 현명한 방법은 도망가는 것이다. 내현적 나르시시스트의 정체를 알았다면 이들에게서 벗어나야 한다.

04

자신이 중심이어야만 하는
나르시시스트의 욕망

—

황금 울타리

나르시시스트는 자신의 성공을 위해서라면 수단과 방법을 가리지 않는다. 실제로 나르시시스트가 다른 유형보다 성공할 가능성이 크다는 연구 결과가 있다. 오직 자신의 성공만 생각하는 나르시시스트에게 타인의 고통은 중요하지 않다. 이들은 자신의 성공을 위해 주변 사람을 괴롭히거나 권력을 활용해 착취한다.

나르시시스트의 황금 울타리 건설법

나르시시스트는 자기가 만든 전지전능한 성에 살고 있다. 넓은 정원에는 황금 울타리가 있고 그 울타리 안으로는 아무나 들어올 수 없다. 황금 울타리 안에는 나르시시스트 옆에서 칭찬, 인정을 주며 이들의 자기애적 에너지를 제공하는 서플라이(supply)나 믿음직한 플라잉 몽키 그리고 이들이 보증한 사람만이 들어올 수 있다. 그렇다면 나르시시스트의 황금 울타리 안은 어떤 모습일까?

오늘도 A 부장은 자신의 황금 울타리에 들어올 인재 채용에 심혈을 기울인다. A 부장의 주 타깃은 젊고 유능한 신입 사원이다. 이때 이제 막 입사한 신입 사원 B가 눈에 띈다. A 부장은 마음을 휘어잡기 위해 B가 평소에 불만을 느끼는 부분을 자극하며 신뢰 관계인 심리적 라포(rapport)를 형성하려고 시도한다.

"너희 부장 너무 별로지? 일도 안 하고?"
"나는 네 편이야."
"내 말만 잘 들으면 네가 원하는 부서로 옮겨 줄게."

A 부장은 이간질과 달콤한 제안으로 B의 마음을 자극한다. B는 '네가 원하는 부서로 옮겨 줄게', '너 내 말만 잘 들으면'이란 말의 의미를 정확히 모른다. B는 A 부장이 시키는 일이나 잘하면 된다고 생각한다. 하지만 A 부장이 한 말의 진짜 의미는 이렇다.

'앞으로 너는 내 통제를 따라야 하고, 너는 내 소유물이며 네가 어디서 무엇을 하든 내가 통제할 거야. 내가 지시한 일은 무조건 해야 하고 매일 보고해야 해.'

숨겨진 의미를 모르는 B는 A 부장의 미끼를 물 수밖에 없다. 그때부터 B는 금빛 테두리를 두른 A 부장의 황금 울타리를 넘는다. A 부장은 황금 울타리 안으로 들어온 B에게 "이제부터 너는 내 사람이야!"라고 말하며 환영 인사를 건넨다. 그리고 이미 A 부장의 황금 울타리 안에 있던 서플라이들을 소개해 주며 화합을 다진다.

"이제 서로 도와주면서 잘 지내 봅시다!"

황금 울타리 안에 있는 서플라이끼리는 경쟁하지 않는다. A 부장이 서열을 정해 주기 때문에 경쟁이 필요 없다. 양보하고 협조하면 A 부장이 부여하는 번호표를 받을 수 있다. 이것이 바로 A 부장이, 즉 나르시시스트가 집단에서 자기편을 확장하고 그 집단을 장악하는 방법이다.

A 부장의 서플라이들은 스스로 'A 사단'이라고 부르며 자신들의 소속감을 드러낸다. 이 사단은 완벽히 A 부장에 의해 만들어지고 기획된 창조물이다. 사단의 역할은 딱 하나, A 부장의 충성

스러운 서플라이가 되는 것이다.

빈약한 자존감이 만들어 낸 집단

A 사단은 목적을 달성하기 위해 A 부장을 돕는다. A 부장의 경쟁자가 나타나면 거짓말과 이간질로 경쟁자를 깎아내리고 A 부장만이 이 일의 적임자라며 떠벌리고 칭송한다. 놀랍게도 이런 방법은 효과가 꽤 좋다. A 사단 밖에 있는 사람들은 마냥 A 사단에 들어가고 싶어 하고, A 부장을 선망의 대상으로 삼는다. 항상 자신이 중심이 돼야 하고 모든 사람이 자신만을 바라보길 바라는 나르시시스트 A 부장은 정말 자신이 회사의 중심이 된 것처럼 자아도취에 빠진다.

"성공하려면 A 부장 라인에 서야 해. 그럼 승진할 수 있어!"

이렇게 A 부장 사단에 들어오고 싶은 희망자들이 생기고, 이들은 A 부장에 충성을 맹세한다. 그리고 자신이 이 사단의 적임자임을 스스로 입증하기도 한다. 또 이미 A 부장 사단에 속해 있는 사람이 지인이라면 이들의 소개로 사단에 들어가려고 한다.

A 사단의 예시처럼 나르시시스트가 구축한 황금 울타리 속 사

람들은 각자의 니즈가 분명하다. 나르시시스트의 권력을 활용해 자신의 노력보다 더 좋은 결과를 얻으려는 사람부터 나르시시스트의 강렬한 카리스마를 선망하고, 나르시시스트에게 의지하고 싶어 하는 사람까지 다양하다. 그러다 보니 나르시시스트의 황금 울타리 안 사람들은 광신도처럼 맹목적으로 나르시시스트를 추앙하고 나르시시스트를 위해 희생한다.

이렇게 나르시시스트를 동경하는 사람들이 생각보다 많고, 나르시시스트는 이런 사람들을 귀신같이 알아차리고 이용한다. 사실 나르시시스트의 황금 울타리는 기회주의적이고 빈약한 자존감의 산물이다. 황금 울타리 안 구성원들은 자신의 존재감을 나르시시스트를 통해서 얻으려 하고, 나르시시스트에게 인정받기를 원한다.

나르시시스트는 영원하지 않다

이 세상에 영원한 것은 없듯이 나르시시스트의 시간 역시 영원하지 않다. 나르시시스트를 향한 서플라이의 허울뿐인 충성과 맹세는 나르시시스트에게 얻을 것이 있을 때나 의미가 있다. 시간이 흐르면서 나르시시스트가 조직을 떠나야 할 때가 온다. 이제 나르시시스트의 황금 울타리에 들어오고 싶어 하는 사람도, 나르시시스트에게 아부하는 사람도 없다. 모두가 떠난 나르시시

나르시시스트 안에 갇혀 있는 줄도 모르고
점점 나를 잃어 가고 있었다.

스트에게 남은 것은 깊은 공허함뿐이다.

　나르시시스트도 언젠가는 자신의 힘이 떨어지고 모두가 자신의 곁을 떠날 것이란 걸 알고 있다. 그래서 더욱 악을 쓰고 높은 자리로 올라가기 위해 수단과 방법을 가리지 않는다.

　조직의 관점에서 나르시시스트는 조직의 융화를 방해하는 인물이다. 자신의 황금 울타리를 단단하게 구축하기 위해 수단과 방법을 가리지 않기에 조직 문화를 파괴한다. 실제로 미국 프로 농구팀에 속한 선수들의 나르시시즘을 측정해 비교해 봤더니 나르시시즘 점수가 낮은 팀에 비해 높은 팀이 어시스트 횟수가 적고 팀 성적도 더 낮다는 연구 결과가 나왔다. 아무리 개인의 기량이 좋다고 해도 나르시시즘 점수가 높은 팀은 협력하지 못해 전체적인 성과가 좋지 않았다.

　스탠퍼드대학교 경영대학원 교수인 찰스 오라일리가 이끄는 연구팀의 연구에 따르면 나르시시스트 CEO 혹은 리더의 성격이 조직 문화에 직접적으로 영향을 미친다는 결과가 나타났다. 즉 나르시시스트 상사의 덜 협력적이고, 덜 윤리적인 면이 조직 문화를 감염시킨다는 것이다. 이들은 전문성이 아니라 숭배도에 따라 인재를 승진시키기도 한다. 이 실험 결과들을 통해 나르시시스트의 조직 파괴력을 알 수 있다.

리더십 분야의 석학 맨프레드 케츠 드 브리스 프랑스 교수가 한 포럼에서 연설한 말이 떠오른다.

"권력에 취한 악성 나르시시스트 리더가 예스맨에 둘러싸여 자아 과잉적 행동을 하지 않도록 제도로 막아야 한다."

조직원을 벼랑 끝으로 밀어 넣어서 성과를 착취하던 시대는 끝났다. 자신에게 좋은 말만 해 주는 예스맨들에 둘러싸이면 조직은 파괴된다. 나르시시스트의 성과에 눈멀어 조직이 곪고 있던 것을 못 보던 시대착오적 오류를 이제는 제도로 막아야 하는 시대다.

05

채워도 채워지지 않는
마음의 빈 공간

—

내면의 공허함

자기반성을 모르는 나르시시스트에게 내면의 공허를 마주하는 일은 자신의 죽음을 보는 것처럼 공포스럽다. 이들은 공허함을 회피하기 위해 나이, 성별, 학업, 사는 지역 등 조금이라도 공통점이 있는 사람들을 끊임없이 모으고 파티를 연다. 이런 파티의 주인공은 언제나 나르시시스트다.

공허함에서 벗어나려 할수록 공허해지는 그들

"우리는 같은 편이지?"

황금 울타리 같은 모임을 만드는 데 집중하는 나르시시스트는 이런 방법으로 자신의 불안감을 해소한다. 그래서 모임에 속한 사람들에게 계속해서 자신과 같은 생각인지, 자신의 행동에 동참해 줄 수 있는지 확인한다. 자신의 뜻을 반대하는 파티원은 재빨리 버리고 다음 파티에 초대하지 않는다. 반대로 자신의 뜻을 같이할 파티원들에게는 혜택을 준다.

그런데 나르시시스트가 아무리 회유해도 소용없는 사람이 있다. 나르시시스트는 자신이 만든 모임에 넣고 싶은 사람이 아무리 회유해도 자신과 어울려 주지 않으면 '어떻게 대단한 나를 무시할 수 있지?'라고 생각하며 좌절한다. 자신이 갖지 못한 것에 대해 집착하는 나르시시스트는 자신을 돌아보기는커녕 오히려 자신의 우월함을 강화하기 위해 상대를 괴롭히는 방법을 택한다.

그렇게 흥거운 파티가 끝나고 모든 이가 집으로 돌아가면 나르시시스트는 공허함에 직면한다. 한 나르시시스트는 공허함을 이렇게 표현했다.

"회식이 끝나고 빈집으로 돌아가면 온몸이 늪에 빠지는 느낌이다. 아무리 늪에서 빠져나오려고 해도 계속 빨려 들어간다."

이들이 느끼는 공허함은 숨이 턱 막히는 폐쇄 공간에 홀로 남겨져 에너지원 없이 굶주린 상태와 같다. 이 깊고 깊은 우울을 알기에 이들은 또다시 공허함을 마주하기 전에 재빨리 다른 파티를 열기 위해 사람을 모은다. 여기서 나르시시스트가 공들여 모집하는 파티원은 서플라이다.

당장의 공허함만 채우는 것이 무의미한 이유

심리학자 마거릿 폴은 내면의 공허함에 대해 "공허함은 오직 자기 자신을 사랑하지 않는 데서 기인한다"라고 말했다. 자신을 사랑하지 않고 타인의 관심과 인정만을 갈구할 때 공허함은 커진다. 이것이 자신을 사랑할 줄 모르고, 자기반성을 할 줄 모르는 나르시시스트가 공허함에서 벗어날 수 없는 이유다.

나르시시스트는 당장 내면의 공허함에서 벗어나기 위해 끊임없이 타인을 갈구하지만 한 번도 제대로 된 정서적인 교감을 해본 적이 없어 자신의 이야기만 늘어놓는 피상적 관계에 그친다. 만약 나르시시스트인지 아닌지 모호한 사람과의 관계가 고민이라면 그 사람이 가십, 소문 같은 자극적인 대화에만 집중하고 있는지, 나에 대해 관심이 있는지 생각해 보면 된다.

나르시시스트는 공허함을 채우기 위해 피상적인 관계로 도피하기도 하지만 도박, 술, 성매매 등에도 쉽게 중독된다. 예를 들어 도박에 중독된 나르시시스트는 이미 여러 번 돈을 잃었음에도 도박을 멈추지 못한다. 나르시시스트는 처음에 돈을 버는 것처럼 느끼게 하는 도박 시스템에 속아 신이 나지만 결국 사기를 당하고 모든 돈을 잃는다. 또 성매매에 중독된 나르시시스트는 주기적으로 해외를 나가서 업소를 방문하는데, 이들은 이런 자신의 행동을 부끄러워하지 않는다. 오히려 배우자 때문에 자신이 이렇게 행동하는 것이라며 힘듦을 호소한다.

나르시시스트는 허약한 내면의 공허를 채우려고 더 센 자극을 찾는다. 하지만 이런 방식이 내면의 공허함을 채워 주지 않는다. 나르시시스트가 숨기고 싶지만 자꾸 의식 위로 나타나는 수치심, 무능력, 불안 등의 감정은 자신이 보듬지 않으면 절대 사라지지 않는다. 자신을 돌아보지 못하는 나르시시스트는 죽기 직전까지 내면의 공허와 싸운다.

"내면이 공허하고 의식이 빈약한 사람은 자신과 같은 부류의 사람과 어울리려고 한다. 그래서 정신적으로 풍요로운 사람은 무리에 있지 않아도 혼자서도 행복하다."

독일의 철학자 쇼펜하우어의 말이다. 정신력이 빈약한 나르시시스트는 채울 수 없는 공허를 채우기 위해 더 자극적인 것들을 찾지만 실상 밑 빠진 독에 물 붓기나 마찬가지다. 그래서 자신과 같은 부류와 어울리며 자신의 삶을 위안한다.

반면 정신이 풍요로운 사람은 혼자서도 행복하기 때문에 나르시시스트가 감추려고 해도 감출 수 없는 공허한 내면을 볼 수 있다. 참 아이러니하게도 양심의 가책도 죄책감도 느끼지 못하는 나르시시스트는 정신이 풍요로운 사람이 자신의 내면을 꿰뚫어 보면 발가벗겨지는 수치심을 느끼며 어쩔 줄 몰라 한다. 이것이 우리에게 정신적인 풍요로움과 내면의 단단함이 필요한 이유다.

흑과 백만 존재하는
나르시시스트의 인간관계

—

서열

　나르시시스트는 모든 것을 단계적으로 생각하지 않고 흑백 논리로 판단한다. 그래서 인간관계도 내 편과 적, 사람도 서열이 높은 자와 낮은 자로 구분한다. 그들은 더 많은 인정과 관심을 독차지하기 위해 온 힘을 다해 사람들과 '서열 싸움'을 한다. 나르시시스트의 서열은 관계에 상관없이 적용되는데 조직, 연인은 물론 가족 관계에서도 서열을 매긴다.

　나르시시스트에게는 자신의 배우자 역시 서열의 대상이며, 대체로 자신보다 낮은 서열에 둔다. 가끔 집에 반려동물이 있다면 반려동물보다 낮은 위치에 배우자를 두기도 한다. 이렇게 서열에 집착하는 나르시시스트가 조직 내에서 상위 직급인 경우, 이들은 절대적인 권력자로서 조직을 서열 체계로 운영하며 조직원 중 살아남을 사람과 버릴 사람을 꾸준히 가려낸다.

반대로 나르시시스트가 조직에서 높은 서열에 속하지 않을 경우 자신보다 서열이 높은 사람에게 절대적으로 굴복한다. 나르시시스트에게 서열은 매우 중요한 의미이기 때문에 그들과 가깝게 지내면 자신도 함께 우월해진다고 생각한다. 그래서 서열이 높은 사람의 일거수일투족을 따라 하며 환심을 사려 하고, 자신보다 서열이 낮은 사람들은 무시한다.

끼고 빠질 때를 구분하지 못하는 사람

나르시시스트에게 서열은 과대화된 자기상을 유지하는 수단이다. 이 서열에 따라 플라잉 몽키는 높은 계급을 얻기 위해 끊임없이 나르시시스트를 칭송한다. 그럼 나르시시스트는 자신이 진짜 대단한 사람이라고 착각하면서 스스로를 특별한 사람으로 여기고 특별한 대우를 받고 싶어 한다.

예를 들어 어떤 회사의 A 차장이 임원 회의에 자신을 참석시켜 달라고 요구하는 상황이 있다고 생각해 보자. 그는 자신이 정말로 대단한 사람이라고 생각했다. 그래서 자신의 직급이 차장임에도 불구하고 임원 회의에 배제당한 이 상황을 참지 못했다. A

차장은 매번 각종 회의, 워크숍에 참석하게 해 달라고 떼를 쓰고 참석자 명단에 자신의 이름이 없으면 어김없이 자신보다 약한 상대에게 화풀이했다.

또 나르시시스트인 B를 배우자로 둔 C의 이야기를 살펴보자. B는 부장인 C의 사내 행사에 참석하게 해 달라고 요구했다. 이게 무슨 말인가 싶겠지만 B는 배우자 C의 회사 직급이 곧 자신의 직급이라고 생각했고, 직급에 맞는 대우를 원했다. C는 B의 요구를 거절했을 때의 후폭풍이 두려워 B의 요구를 들어 줄 수밖에 없었다. 결국 B는 C와 함께 행사에 참석해 마치 조직의 일원인 것처럼 행동하고 다음 행사 참여를 기약하기도 했다.

이처럼 나르시시스트는 자신이 만든 서열에서의 계급과 현실에서의 계급이 같지 않을 때를 받아들이지 못하고 분노하며 서열에 더 집착한다. 앞에서 말했듯 그들은 자신을 조금 더 특별하게 만들어 줄 상대를 찾는 데 열중하며 황금 울타리를 견고히 하고 한편으로는 플라잉 몽키를 대상으로 충성도를 테스트하면서 자신을 향한 충성심을 관리한다. 그런데 플라잉 몽키가 조금이라도 서열을 거스르는 행동을 하면 나르시시스트는 이를 쿠데타 수준으로 생각한다.

이런 나르시시스트의 분노가 어느 정도인지 다음과 같은 상황에서 파악할 수 있다. 집에 한 마리의 파리가 들어왔다고 상상해 보자. 윙윙거리며 날아다니는 파리가 거슬리긴 하지만 파리채로 잡으면 해결될 일이다. 하지만 나르시시스트는 자기보다 서열이 낮은 파리가 자신의 신경을 거슬리게 한다는 사실에 크게 분노한다. 그래서 파리 한 마리를 죽이기 위해 탱크를 몰고 온다. 나르시시스트의 마음에 전쟁이 시작된 것이다.

밋밋한 회색 돌이 돼라

나르시시스트가 만든 서열 속 나르시시스트는 벌거벗은 임금과 같다. 플라잉 몽키들은 벌거벗은 나르시시스트에게 옷이 아름답다고 거짓 찬사를 늘어놓고, 나르시시스트는 이를 흡족해한다.

플라잉 몽키들은 나르시시스트가 만든 화려한 모래성이 단단한 벽돌로 지은 성이라고 생각해 파도가 밀려와도 무너지지 않을 것이라고 굳게 믿는다. 하지만 파도는 언제든 이들의 모래성을 무너뜨릴 수 있다. 이때 나르시시스트는 파도를 향해 격노한다. 그러고는 모래성 안에 있는 사람들에게 외친다.

"파도가 잘못한 거야. 모두 다 파도 탓이야. 우리는 이럴수록 서열을 강화해서 파도를 물리쳐야 해."

얼마나 어리석고 한심한가? 나르시시스트가 정한 서열은 무의미하다. 따라서 나르시시스트가 매긴 서열에 휘둘리고 있다면 회색 돌이 되라고 말하고 싶다. 자기애를 연구하는 한 심리학과 교수는 나르시시스트가 무엇을 하든 그저 자기 일만 하며 무반응으로 대응하는 '회색 돌(gray rock) 기법'을 설명했다. 사나운 개가 짖는다고 해서 매번 그 개와 싸울 수 없는 것처럼 나르시시스트의 행동에 회색 돌 기법으로 대응하면 나르시시스트들의 서열을 서서히 붕괴될 것이다.

나르시시스트 때문에 스트레스받고 있다면 한 가지만 기억하면 좋겠다. 우리는 그들과 같은 길을 달리지 않는다. 우리의 인생은 나르시시스트가 아닌 성숙한 사람들과 함께 달린다.

07

그들은 왜 왕따 시키기
주동자가 됐을까?

—

고립의 불안감

학교 폭력에 소위 일진이 있다면 직장 내 괴롭힘엔 나르시시스트가 있다. 나르시시스트는 사람을 고립시키기 위해 노력한다. 나르시시스트는 왕따 만들기의 주동자로 활동하고, 이들의 조력자인 플라잉 몽키가 왕따 만들기를 돕는다. 대체로 왕따 만들기의 주동자는 나르시시스트이지만 의외로 플라잉 몽키가 주동자로 활동하는 경우도 있다. 물론 그 뒤엔 어김없이 나르시시스트가 있다. 또 나르시시스트와 플라잉 몽키 외에도 의도적으로 상대를 폄하하는 거짓말과 이간질로 가득한 '스미어 캠페인(smear campaign)'에 동조하는 제삼의 인물도 있다. 이들은 왕따 만들기라는 행동을 정당화하기 위해 그 대상이 왕따를 당해야만 하는 이유를 말하고 다닌다.

"그 사람은 왕따당해도 돼. 그 사람은 그런 대접을 받을 만한 사람이야."

또한 어떤 사람이 왕따 만들기의 대상과 대화하거나 친목을 나누고 있다면 이야기를 나눈 사람을 불러 자신들의 불편한 감정을 표출한다.

"지금 저 사람이랑 말하셨어요? 조심하세요. 저 사람이랑 어울렸다가 ○○ 씨도 왕따당할 수 있어요."

일반적인 시각에서는 유치한 행동으로 보이지만 이들은 자신이 원하는 바를 이룰 수 있다면 그 말이 허무맹랑할지라도 내뱉는다.

나르시시스트는 왜 상대를 고립시킬까?

나르시시스트의 내면 깊숙한 곳에 자리 잡고 있는 무능감은 자신이 주인공이 되지 못하거나 조직에서 조금이라도 소외감을 느낄 때 촉발된다. 그리고 방어 기제를 작동한다. 나르시시스트는 심각할 만큼 높은 수준의 불안감을 갖고 있어서 자신이 타인에 의해 고립되기 전에 자신이 먼저 타인을 고립시키는 것으로 불안감을 해소한다. 그리고 이 과정에서 나르시시스트는 자신의 불안한 감정을 타인에게 던지는 투사를 자주 사용한다.

나르시시스트는 상대를 고립시킨 후에 어떤 감정을 느낄까? 괴로워하는 상대를 보며 양심의 가책을 느낄까? 공감 능력이 없는 나르시시스트에게는 해당 사항이 아니다. 아군과 적군만 존재하는 그들의 인간관계에서 왕따의 대상은 적군이다. 그래서 나를 지키기 위해 적을 공격하는 것은 당연한 일이라고 자신의 행동을 합리화한다. 실제로 이들은 누군가를 고립시켰을 때 희열을 느끼고 이 쾌감을 느끼기 위해 끊임없이 고립시킬 누군가를 찾는다.

알고 보면 경계당하는 나르시시스트

앞서 이야기한 것처럼 나르시시스트는 다른 사람보다 '고립의 불안감'이 높다. 그러다 보니 사소한 일에도 자신이 배척당했다는 생각이 들면 격노한다. 그래서 A 차장이 각종 회의, 워크숍 명단에 자신의 이름이 없으면 참지 못하는 것과 나르시시스트인 B가 배우자 C의 사내 행사에 참석하고 싶어 하는 것 역시 고립의 불안감에서 기인한 행동이며, 고립의 불안감이 나르시시스트가 서열에 집착하게 되는 이유이기도 하다.

그렇다면 이들은 왜 고립에 대한 불안도가 높을까? 스위스 바젤의 한 심리학 연구에 따르면 나르시시즘 성향이 높은 사람들이 일상에서 사회적 배제를 더 많이 경험한다. 또 사회적 배제가 주관인 경험이기는 하지만 나르시시즘 성향이 높은 사람이 보통 사람보다 사회적 배제에 더 큰 두려움을 느끼는 것으로 나타났다. 다른 연구에서도 나르시시즘 성향의 사람이 보통 사람보다 소외감을 더 많이 느낀다고 한다.

이런 결과는 깊이 생각해 볼 필요가 있다. 나르시시즘 성향의 사람이 타인에게 배척당하는 빈도가 다른 사람보다 많다는 것은 사람들이 은연중에 나르시시즘적인 행동을 경계한다는 의미라는 것이다. 유독 소외감에 예민하게 반응하는 나르시시스트에게 고립의 경험이 계속해서 쌓이면 이들은 나르시시즘적인 행동을 더욱 강화한다.

지금까지 나르시시스트가 고립에 대해 불안감을 느끼는 이유를 살펴봤다. 나르시시스트가 당신을 고립시키기 위해 여기저기 돌아다니며 아무리 스미어 캠페인을 해도 나르시시스트의 기저 심리를 알면 마음의 여유가 생긴다. 또한 당신이 고립되지 않겠다는 마음을 먹으면 고립되지 않는다. 주변이 소란해도 당신은 당신의 삶을 살면 된다. 나르시시스트에게 잘 보이려고 노력할 필요도 없고 싸움을 할 필요도 없다.

　마지막으로 그들에게서 받은 고립의 불안감과 공포라는 감정은 나르시시스트의 것이지 당신의 감정이 아님을 잊지 말자. 그러니 나르시시스트가 고립의 불안감을 당신에게 던져도 태연해져라. 그 감정은 당신의 감정이 아니다.

08

지배하고 싶은 사람과 인정받고 싶은 사람

지배 욕구와 인정 욕구

출근 시간이 9시인 직장이 있다. 나르시시스트는 사장도 아니면서 직원들에게 8시 30분까지 무조건 자리에 앉으라는 규칙을 만든다. 그리고 8시 30분까지 자리에 없는 이들을 괴롭힌다.

나르시시스트는 규칙이 필요 없는 순간에도 규칙을 계속해서 생산하며 사람들을 통제하려는 '지배 욕구'가 있다. 이들에게 규칙은 괴롭힘의 정당성을 찾는 데 필요한 것으로, 규칙을 잘 지키는 사람과 지키지 않는 사람으로 나눠 서열화하고 괴롭힐 대상을 정한다. 이런 나르시시스트의 지배 욕구는 자신의 존재감을 확인하기 위한 수단이다.

또한 나르시시스트는 통제할 필요가 없는 것까지 통제하기도 한다. 예를 들어 직장에서 옷차림을 통제하는 것이다. 치마가 무릎 위 몇 센티미터까지 와야 한다는 말도 안 되는 규칙을 만든다. 잠시 볼일을 보러 나갔다가 들어와서 외투를 의자 뒤에 걸어놓았다고 화를 내기도 한다. 뭐든지 자신의 통제권 안에서 움직이고 자신이 생각한 방향대로 일이 진행되기를 원한다. 그렇지 않으면 사소한 일이라도 자신에 대한 도전으로 여긴다.

나르시시스트는 배우자나 자녀가 자신의 통제에 따르지 않으면 경제권을 빼앗기도 한다. 만약 배우자가 나르시시스트의 통제권에서 벗어나기 위해 돈을 벌기라도 하면 나르시시스트는 "몇 푼 벌지도 못하는 게"라며 배우자를 무시한다. 또 나르시시스트는 배우자가 사용하는 모든 카드의 사용 내역을 감시한다. 자신에게 카드 사용 알람이 올 때마다 배우자에게 얼마나, 왜, 무엇을 샀는지 추궁한다. 나르시시스트들은 자신이 명품을 사는 건 괜찮지만 배우자가 1,000원짜리 물을 사 먹는 건 용납할 수 없다.

나르시시스트는 타인을 개별적인 존재로 생각하지 않고 자신과 타인을 일치해서 생각한다. 그래서 다른 사람이 자신의 통제를 반드시 따라야 한다고 여긴다. 이렇게 타인에 의해 자율성을 통제당하면 한 인간이 자기 가치를 스스로 찾지 못하고 결국 타인에게 의지하게 된다. 나르시시스트의 지배 욕구는 일종의 심리적 지배로, 상대의 자존감을 떨어뜨리고 스스로 무가치한 존재로 느끼게 만든다. 나르시시스트에 지배당한 희생양은 결국 자율성을 잃고 나르시시스트에게 의존하게 된다.

나르시시스트의 타깃이 되는 사람의 특징

나르시시스트에게 쉽게 지배당하는 사람들의 특징이 있다. 바로 '인정 욕구'가 강하다는 것이다. 나르시시스트는 인정 욕구가 강한 사람을 알아본다. 그리고 그들의 인정 욕구를 좌절시키는 것이 상대에게는 얼마나 큰 위협인지를 안다. 즉 나르시시스트는 인정 욕구가 강한 사람의 약점을 알고 이를 무기로 사용한다는 것이다.

가령 나르시시스트는 상대를 이유 없이 공개적으로 비난하며 상대의 이미지를 훼손한다. 그럼 상대가 그동안 쌓아 올린 이미지, 노력의 성과가 무너지게 되고 결국 나르시시스트의 공격에 흔들린다. 이런 사람일수록 나르시시스트의 먹잇감이 되기 쉽다. 나르시시스트에게 휘둘리지 않겠다고, 나르시시스트 때문에 스트레스받지 않겠다고 마음먹었다면 가장 먼저 버려야 할 것이 인정 욕구다.

나르시시스트는 지극히 타인의 인정, 관심이 중요하고 타인의 시선과 평가에 의지해서 자신의 허상을 유지한다. 타인에게 보이는 자신의 모습에 집착하기 때문에 타인에게도 자신의 감정을 투사한다. 자신이 이렇게 타인의 시선에 예민하니 남들도 다 그럴 것으로 생각하고 다른 사람의 인정 욕구를 약점으로 이용한다. 그래서 상대가 인정 욕구를 버리면 나르시시스트는 공격할 무기가 사라진다.

인정 욕구는 버리고 자존감은 채우는 시간

나르시시스트의 이야기를 잠시 멈추고 한 사람의 인생으로 인정 욕구에 대해 이야기해 보겠다. 인정 욕구는 남이 나를 인정할 때 살아갈 에너지를 느끼느냐 아니면 내가 나를 인정할 때 살아갈 에너지를 느끼느냐로 나뉜다.

인간에게 인정 욕구가 주는 긍정적 효과도 있다. 타인의 인정과 칭찬은 동기 부여나 성취감을 느끼는 원동력이 되기도 한다. 하지만 타인에게 인정받으려는 욕구가 너무 강하면 인생을 사는 관점이 내가 아닌 타인의 관점이 돼 버리기 쉽다. 내가 원하는 방향으로 사는 게 아니라 남들이 원하는 방향으로 살게 되고, 내가 원하는 삶도 남들의 인정이 없으면 잘못된 삶이라고 생각한다. 그래서 사람들이 죽음을 앞두고 가장 많이 하는 후회가 '돈을 더 벌어야 했는데'가 아니라 '왜 내 인생을 내 뜻대로 살려고 하지 않았나? 더 행복해지려고 노력하지 않았나?'인 것이다.

타인의 인정이 아니라 오늘 하루를 잘 살아 낸 자신을 스스로 인정하면 좋겠다. 이것이야말로 자존감은 올리고, 혼자 있어도 내면이 공허하지 않으며, 행복한 삶을 살아갈 힘이 된다. 나르시시스트를 차치하고 인정 욕구를 버리는 것은 한 인간의 인생이 긍정적으로 바뀌는 선택이다.

그렇다면 어떻게 인정 욕구를 버릴 수 있을까? 인정 욕구는 수면욕과 식욕같이 본능적인 요소라 쓰레기통에 쓰레기를 버리듯이 버릴 수 있는 것이 아니다. 꾸준히 내면을 다독이고 설득하는 과정이 필요하다.

첫 번째, 매일 실천할 수 있는 가장 편한 시간을 자존감 시간으로 만든다.

단 5분이어도 매일 꾸준히 할 수 있는 시간대를 선정하는 것이 중요하다. 처음에는 자존감을 주제로 한 짧은 영상을 여러 번 보고 기록에 남긴다. 눈으로만 보고 넘길 것이 아니라 수첩에 날짜와 함께 자신의 상태를 기록한다. 인정 욕구를 버리기 전에 자존감의 틀을 만드는 작업이 선행돼야 인정 욕구의 빈자리에 자존감을 채울 수 있다.

두 번째, 내가 나를 어떻게 바라보고 있는지 생각한다.

처음에는 서툴고 부족한 자신을 원망하고 미워하겠지만 점차

내면을 다독이다 보면 미운 나에서 사랑하는 나로 바뀐다. 남의 눈치를 보고 남의 평가에 휘둘린다면 차분하게 내 생각의 흐름을 따라가 본다. 그리고 이런 정체성이 과연 내가 원하는 모습인가를 스스로 물어본다. 그렇게 아주 천천히 우리의 정체성을 바꿔야 한다.

세 번째, 남에게 인정받고 싶은 욕구를 조금씩 버리는 작업을 한다.

남이 나를 인정하지 않아도 괜찮다는 것을 수용하는 자세부터가 시작이다. 내가 온전히 내 삶을 운전하는 사람이 되겠다고 생각하는 것이다. 처음에는 자존감 시간이 귀찮게 느껴지겠지만 어느 순간 매일 하지 않으면 허전함을 느낄 것이다. 그러다 보면 자연스레 자존감 시간에 기대어 성장하는 순간이 온다.

네 번째, 나의 어떤 점들이 나르시시스트의 심리적 조종에 취약한지 생각해 본다.

대체로 남에게 피해 주지 않고 공감 능력이 좋으며 다른 사람의 이야기를 경청하는 사람들이 나르시시스트의 타깃이 되기 쉽다. 물론 아주 좋은 능력이지만 이걸 악용하는 나르시시스트들이 있기에 '모두에게 친절할 필요는 없다'는 명언을 가슴 깊이 새겨야 한다.

인정받고 싶은 마음이
나를 더 옭아매고 있지 않았을까?

이런 경험치를 부단히 쌓다 보면 장담컨대 당신은 변화할 것이다. 더 이상 남의 눈치를 보고 평판에 휘둘려 자신의 삶을 불행하게 만들지 않게 된다. 자존감이라는 것은 결국 나와의 직면이다. 나의 감정을 세심히 살피고, 공감해 주면서 같이 눈물도 흘리고 기뻐할 수 있는 능력이다. 앞으로 삶을 살면서 더 많은 역경이 당신을 쓰러뜨리기 위해 다가와도 당신은 겁먹지 않을 것이다. 훗날 나르시시스트가 아무리 스미어 캠페인을 하며 유치한 행동을 해도 웃어넘길 경지에 오르게 된다.

09

기분 나쁘게 듣지 말라는
말에 담긴 진짜 의미

—

가스라이팅

"어떻게 나를 배려하지 않을 수가 있나요?"

나르시시스트 A는 핏대를 세우며 소리를 지른다. 그는 늘 자신이 주인공이 돼야 하고 타인의 칭찬과 아부를 원하는 인물이다. 아무리 발버둥 쳐도 주인공이 되지 못하자 그는 동료들을 모아놓고 배려심이 없다며 화를 낸다.

"같은 팀이라면 돕고 배려해야지, 다들 이기주의에 빠져서! 정말 실망입니다."

나르시시스트는 자신이 배려받을 대상이 아님에도 배려심이 없다는 궤변을 늘어놓으며 사람들을 이기주의에 빠진 인물로 가스라이팅한다.

가스라이팅은 상대를 심리적으로 지배하기 위한 행동으로, 상대의 생각과 행동을 부정해서 상대방이 스스로 자신의 판단을 의심하게 만드는 것이다. 상대를 현혹하고 세뇌하는 일종의 심리 조종인데 나르시시스트가 가장 자주 사용하고 잘하는 능력 중 하나다.

가스라이팅하는 나르시시스트의 심리

"내가 맡은 일이 제일 중요하고 가장 힘들어."

"누구도 나를 대체할 사람은 없어."

"저 사람들은 다 놀고 있구나."

나르시시스트는 자신이 가장 대단하다고 생각하기 때문에 자기가 하는 일이 최고로 힘들고 어려우며, 자신이 없으면 일이 진행되지 못한다고 생각한다. 더 나아가 자신과 자신의 조력자인 플라잉 몽키를 제외하고는 모두 일하지 않는다고 생각한다.

나르시시스트에게 사실이냐 아니냐는 그리 중요하지 않다. 자신만 주목받을 수 있다면 가스라이팅을 시작한다. 이들의 가스라이팅은 워낙 자동 반사적이라서 도저히 의식적인 영역에서만 일어나는 것처럼 보이지 않는다. 완전히 체화됐다고 표현해도 이상하지 않을 만큼 무의식적으로 가스라이팅한다.

나르시시스트는 가스라이팅하기 위해 대화의 주도권을 가져오려고 애를 쓴다. 그때 프레임 전환용으로 사용하는 표현들이 있다. 만약 나르시시스트가 어떤 잘못을 해서 "왜 이런 방식으로 처리했어요?"라고 물어보면 이들은 물어본 말에 대답하지 않는다. 대신 "그 전에 제가 딱 한 가지만 먼저 말할게요"라며 대화의 맥을 끊고 본질을 벗어난 이슈로 대화의 주제를 전환한다. 상대가 나르시시스트의 말을 경청하기 시작하면 이들은 이때다 싶어 궤변을 쏟아내며 본격적인 가스라이팅을 시작한다. 그럼 문제의 본질에서 완전히 멀어지고 나르시시스트가 대화의 주도권을 잡게 된다.

가스라이팅에 당하지 않으려면

나르시시스트의 가스라이팅에 어떻게 대응해야 할까? 나르시시스트가 대화하는 방식을 통해 대응법을 알아보자.

첫 번째, 대화의 주도권을 잡는다.

나르시시스트는 자신이 불리한 상황일수록 대화의 주도권을 잡기 위해 판을 엎으려고 한다. 나르시시스트가 대화 중에 "아니요. 제가 먼저 말할게요"라고 하면 그때는 반사적으로 이렇게 말해야 한다.

"아니요. 제 이야기 먼저 들으세요."
"아니요. 제 질문에 먼저 답변해 주세요."

대화의 주도권을 한번 빼앗기면 나르시시스트의 가스라이팅이 물밀듯 쏟아진다.

두 번째, 전형적인 가스라이팅 표현을 알고 있어야 한다.
나르시시스트가 사용하는 전형적 표현은 다음과 같다.

"다 너 잘되라고 하는 말이야."
"기분 나쁘게 듣지 마."
"선배로서 한마디만 할게."
"그 사람은 너무 예민해."
"네가 잘못 기억하는 거야."

나르시시스트가 이런 말을 하면 "지금 저한테 설마 가스라이팅

하시는 건가요?"라고 말하며 나르시시스트를 당황하게 만들고 대화의 맥을 끊어야 한다. 이들은 상대를 가스라이팅할 때 자신의 주장을 마치 대사를 외우듯 말하기 때문에 대화의 맥락을 끊으면 그다음에 할 말을 이어서 하지 못한다. 마치 신나서 구구단 외우는 모습을 뽐내고 싶은 어린아이에게 그만하라고 했을 때처럼 당황스러워한다.

세 번째, 나르시시스트가 침묵해도 신경 쓰지 않는다.
대화의 주도권을 빼앗긴 나르시시스트는 유치원생처럼 심통을 부린다. 나르시시스트는 대화의 주도권을 빼앗겨 말로 싸울 수 없게 되면 '침묵의 처벌'을 들고 나온다. 이는 뒤에서 더 자세히 설명하겠지만 나르시시스트는 자신의 계획대로 대화가 흐르지 않으면 상대의 말에 대답하지 않는다. 이들이 침묵하는 이유는 자신을 달래 달라는 의미이기 때문에 이렇게 말하고 무시하면 된다.

"당신이 대답하지 않으니 더 이상의 대화는 어렵겠네요."

네 번째, 나르시시스트가 보낸 메신저에 답하지 않는다.
나르시시스트는 가스라이팅을 메신저로 하기도 한다. 메신저야말로 상대가 맥을 끊지 못하게 하면서 자신의 주장을 일방적으로 말할 수 있는 창구가 된다. 상대가 메시지를 읽었는지 확인할 수 있는 메신저라면 더욱 집착한다. 자신의 무고함, 억울함, 상대에 대한 비난, 상대의 탓이 담긴 메시지를 보낸다. 통제되지 않는 감정이 들 때마다 수시로 상대를 자극한다.

온통 상대에 대한 비난만 가득한 메신저에서 희생양은 "네, 죄송합니다", "바로잡고 수정하겠습니다" 같은 답을 한다. 그럼 나르시시스트는 다음 가스라이팅 멘트를 준비한다. 사실 확인도 안 된 비난만 가득한 메시지에 대한 최고의 대처는 무시하기다. 혹여 메신저를 열어서 봤다면 제대로 읽을 필요도 없다. 어차피 자기변명만 가득한 내용으로 상대의 감정을 상하게 만들려는 뻔한 수법이기 때문이다.

다섯 번째, 부정적인 감정에 빠지지 않도록 따져 물어야 할 때도 필요하다.

나르시시스트는 휴식 시간 직전에 불편한 감정을 상대에게 던지는데, 유독 금요일 저녁이나 휴가 전, 퇴근 전에 불편한 감정을 상대에게 투척한다. 이들이 굳이 퇴근하기 직전이나 휴가를 떠나기 전에 불러서 가스라이팅하는 이유는 자신의 불편한 마음을 투사해서 상대도 휴식 시간 동안 복잡한 마음으로 지내기를 바라는 마음 때문이다. 오랜 시간 상대를 심리적으로 불편하게 만드는 수법이다.

만약 이들의 패턴을 파악했다면 퇴근 전에 나르시시스트를 붙잡는다. '오늘 내가 퇴근을 못 하면 너도 못 한다'는 마음을 먹고 나르시시스트가 상대를 불편하게 만드는 데 사용한 가스라이팅에 대해서 일일이 따져 묻는다. 어떤 경우에도 나르시시스트가 던지는 부정적 감정에 빠지지 않아야 한다.

그제야 그들은 이 얕은수가 통하지 않는 상대가 있다는 것을 알게 된다. 나르시시스트는 자신이 감정적으로 호소하며 궤변을 늘어놓아도 사람들이 이해해 주니 자신의 가스라이팅이 꽤 논리적이라고 착각한다. 하지만 나르시시스트의 가스라이팅을 알아차리는 사람에게는 말문이 막힌다. 이들의 패턴을 재빨리 읽고 이렇게 말해 보자.

"나르시시스트 씨. 제가 나르시시스트 씨가 다음에 무슨 말 할지 맞혀 볼까요?"

10

나르시시스트는
침묵으로 벌을 준다

—

수동적 공격

"나 엄마랑 말 안 해!"

어린아이들이 주로 하는 말이다. 그런데 나르시시스트도 이처럼 말할 때가 있다. 나르시시스트의 대화는 소통이 아니라 감정의 배설일 때가 많다. 이들은 자신의 불편한 감정을 침묵과 분노로 표현하는데, 어린아이들이 자신이 원하는 바를 이루지 못했을 때 엄마와 말하지 않겠다며 투정 부리거나 자지러지게 울며 떼를 쓰는 것과 같다. 특히 나르시시스트는 상대방이 자신의 통제에 따르지 않으면 불만을 표시하는 방법으로 '침묵'을 사용한다. 침묵으로 상대에게 불편한 감정을 주면서 자신을 달래 달라는 신호를 보낸다. 또는 상대방을 투명 인간 취급하기도 한다.

칼을 휘두르지 않아도 되는 공격법

심리학에서는 이를 '침묵의 처벌'이라고 한다. 일종의 심리 조종술로 수동 공격 중 하나다. 나르시시스트는 상대방으로부터 공격받았다고 느끼면 침묵으로 대응해 상대가 혼란, 답답함을 느끼게 한다. 그리고 상대가 자기 검열을 하게 만든다. 수동적 공격은 침묵과 투명 인간 취급 외에도 일부러 약속 시간에 늦기, 비아냥거리기, 화난 표정을 의도적으로 표현하기 등 다양하다.

나르시시스트는 수동적 공격으로 상대를 조종할 수 있다고 믿으며 이를 즐겁게 여긴다. 인간관계를 서열과 지배로 인식하는 나르시시스트에게 수동적 공격은 과대화된 자기상을 지키는 방법이다. 몇 분간의 침묵으로도 불편감을 느끼는 상대의 모습을 보며 말을 길게 하지 않아도, 화를 내지 않아도 상대를 좌지우지할 수 있다고 생각해 이 방법을 자주 사용한다.

나르시시스트의 수동적 공격이 문제되는 이유는 이 공격법이 단발성으로 끝나지 않기 때문이다. 나르시시스트는 상대가 통제되지 않는다고 판단하면 의도적으로 계속 사용하고, 상대가 곤혹스러워하거나 괴로워하면 묘한 쾌감을 느낀다.

침묵하는 나르시시스트를 역으로 이용하라

나르시시스트의 침묵 패턴을 읽었다면 이들의 침묵을 역으로 이용하면 된다. 나르시시스트가 침묵하면 그냥 말하지 않는 상태로 내버려 두는 것이다. 즉 나르시시스트가 상대를 투명 인간 취급하지만 오히려 침묵하는 나르시시스트가 보이지 않는 투명 인간이라고 바꿔 생각하면 된다.

예를 들어 나르시시스트가 무겁게 침묵하고 있어도 상대가 불편해하지 않고 오히려 주변 사람들과 웃고 떠들면 나르시시스트는 당황해하며 고립의 불안감을 느낀다. 그러나 나르시시스트는 침묵의 처벌이 상대에게 효과가 없다는 사실을 알아도 침묵을 깰 수가 없다. 이제 와서 침묵을 깨자니 자존심이 상하기 때문이다. 이게 바로 침묵이라는 심리 조종술의 함정이다.

나르시시스트가 싸움을 걸어도 상대가 그 싸움에 말리지 않으면 싸움까지 번지지 않는다. 나르시시스트는 소위 쌈닭 같은 면이 있다. 쌈닭이 아무리 싸움을 걸어도 나는 나무로 만든 목계(木鷄)가 되면 된다. 중요한 것은 우리의 마음이다.

'불편한 건 너의 감정이고 나는 눈치 보지 않는다.'
'네가 아무리 침묵하며 상황을 불편하게 해도 나는 아무런 타격을 받지 않아.'

11

책임을 헷갈리게 만드는
나르시시스트의 연기력

—

피해자 코스프레

"너 때문에 화가 나. 너는 나를 왜 이렇게 힘들게 해?"
"내 인생이 너 때문에 행복하지가 않아."

나르시시스트는 사람을 참 헷갈리게 한다. 본인이 사람들에게 피해를 줬으면서 정작 자신이 피해자인 척 행동한다. 바로 '피해자 코스프레'다. 이들의 피해자 코스프레는 한계가 없다. 자신이 비판받거나 혹은 난처한 상황에 놓였을 때 '불쌍한 척하기'라는 심리 조종술을 사용한다. 왜곡된 스토리텔링을 통해 상대가 동정심을 느끼게 만들고 자신이 비판받아야 할 상황에 피해자를 자처하며 상황을 전환한다. 이런 방법은 자신이 얼마나 불쌍한 사람인지 호소할 때 주로 사용한다.

피해자 코스프레의 여덟 가지 프로세스

나르시시스트는 여러 상황에서 자신을 가해자가 아닌 피해자로 둔갑할 수 있다. 이들은 어떻게 자신을 피해자로 바꿀까?

첫 번째, 나르시시스트가 상대를 괴롭힌다.

두 번째, 상대가 하지 말라고 나르시시스트에게 경고한다.

세 번째, 나르시시스트는 오히려 자신이 그 사람으로 인해 얼마나 정서적으로 힘들었는지 여기저기 떠벌린다.

네 번째, 나르시시스트는 자신의 힘듦을 호소하며 자기 편을 만들고 상대를 고립시킨다.

다섯 번째, 연애사, 집안, 인간관계 등 상대방의 사적인 영역으로 침범해 인신공격한다.

여섯 번째, '그 사람에게 당한 사람이 많다'는 프레임을 씌워 자신도 여러 피해자 중 한 명으로 둔갑하며 상대방을 악마화한다.

일곱 번째, 처음에는 연기로 시작했지만 점점 자신의 연기에 몰두하여 진짜 자신이 피해자라고 믿는다.

여덟 번째, 이들은 피해자 코스프레를 멈추지 않는다. 그리고 지치지 않는다.

　나르시시스트 A와 동료 직원 B의 사연을 이야기해 보겠다. A는 B가 상습적으로 자신의 사적 영역을 침해하고 괴롭혔다고 주장했다. A는 자신이 얼마나 억울하고 괴로운지 눈물을 보이며 자신이 갈 수 있는 모든 곳에 가서 피해자 코스프레를 했다. 대부분의 사람이 A의 말에 속아 B를 비난했다.

　그런데 A의 주장에서 어긋나는 점이 나타나기 시작했고, 이를 검증해 보니 A의 명백한 거짓말임이 확인됐다. 모든 것이 들통난 A는 자기 잘못을 사과하기는커녕 또 다른 거짓말로 상황을 모면하는 데 급급했다. B는 오랫동안 자신의 무고함을 주장했지만 이미 실추된 명예와 이미지는 되돌릴 수 없다고 판단해 결국 회사를 그만뒀다.

무시하되 대응하려면 확실하게 공격하라

　자신이 가해자면서 피해자 코스프레를 하는 이 황당한 상황에서 우리는 어떻게 대처해야 할까? 나르시시스트가 가장 무서워하는 것은 그들에게 관심을 두지 않는 것이다. 나르시시스트가 피해자처럼 행동하고 있다면 그대로 둔다. 그럼 아마 그들은 몇 날 며칠이고 피해자인 채로 잠도 못 자고 화가 난 상태로 살 것이다.

이게 바로 나르시시스트에게 복수하는 방법이다.

나르시시스트를 만난 건 우리가 잘못해서가 아니라 운이 조금 좋지 않았던 것뿐이다. 누구나 정도만 다를 뿐 한 번은 나르시시스트를 만난다. 그래서 '왜 나만 이런 사람을 만나는 걸까?', '내가 문제가 있는 걸까?'라고 생각하는 것은 의미가 없다. 더 나아가 나르시시스트와 싸우겠다는 마음은 오히려 나르시시스트에게 먹잇감을 주는 행동일 수 있다. 본인만 힘들게 할 뿐이다.

다만 나르시시스트에게 이들의 행동에 대한 결과를 보여 줘야 한다면 감정을 숨긴 채 철저하게 증거를 수집해서 외부 채널을 활용해야 한다. 나르시시스트는 타인의 평가에 민감하기 때문에 고소한다는 말만 들어도 겁에 질린다. 마지막으로 팁을 주자면 피해자 코스프레를 위한 여론 몰이 역시 나르시시스트에게 불리한 증거가 된다.

12

나르시시스트는
어떻게 사과할까?

—

후버링과 러브 바밍

"그 사람은 이때 겁만 살짝 주면 돼."

"A 부장 약점을 아는데, 그것만 살짝 긁어도 힘들어할걸?"

"그 팀한테 이렇게 말하면 옆 팀이랑 알아서 싸워. 그렇게 쉬운 걸 왜 못 하고 쩔쩔매냐?"

나르시시스트에게는 남을 괴롭히기 위한 새로운 무기가 늘 가득하다. 그런데 놀랍게도 나르시시스트의 무기에는 '사과'가 있다. 이들에겐 사과도 하나의 무기다. 물론 진정한 반성의 사과가 아닌 위기 모면을 위한 것이지만.

사과하는 척에 속지 말아야 한다

나르시시스트는 의외로 혼자서 결정하지 못한다. 그래서 플라잉 몽키들을 불러 자신의 새로운 전략에 대해 이야기하고 그들에게서 확신을 얻으면 그때 실행한다. 사과도 이 같은 방법으로 이뤄진다. 나르시시스트의 사과는 자신이 수습하지 못할 때 위기 모면용으로 주로 사용되는데, 그 사과는 이름만 사과일 뿐이지 사실은 모두 상대를 탓하는 것이다. '내가 이렇게 잘못한 것은 맞지만 네가 나를 화나게 했다'의 논리를 만들어 낸다.

나르시시스트는 아주 작은 비판도 병적으로 거부하고 자신의 완벽함과 특별함에 집착한다. 그래서 자신이 아무리 큰 잘못을 저질러도 무엇을 잘못했는지 이해하지 못하고 사과하지 않는다. 타인에게는 도착적으로 사과를 요구하지만 완벽한 자신에게는 사과할 일은 없다고 굳게 믿는다.

가끔 진정성이 느껴지는 사과를 하기도 하지만 이는 반성해서가 아니라 사과하는 것이 자신에게 유리하기 때문이다. 이는 어디까지나 전략적 사과다. '네 탓'이라고 함부로 말했다가 더 큰 상황으로 번질까 봐 진정성 모드로 연기를 하는 것이다.

"미안해. 나에게 실망한 거 다 알아."

"네가 나에게 등을 돌리고 나서 한 번도 행복한 적이 없었어."

"네가 나를 용서해 준다면 지금 무릎이라도 꿇을게."

대체로 이런 말을 사용해 동정심을 호소하고 상대를 감정의 무방비 상태로 만든다. 실제로 이 이야기를 들은 많은 사람이 '이 사람이 변했나?' 하는 마음에 화를 풀고 용서한다.

나르시시스트의 후버링과 러브 바밍

나르시시스트의 사과를 받아 주는 순간 자신의 '후버링(hoovering)'이 효과가 있다고 생각한다. 후버링은 관계가 단절돼도 상대를 놓지 않고 다시 자신의 통제에 두기 위해 사용하는 심리 조종술이다. 자신의 후버링이 상대에게 먹혔다고 생각한 나르시시스트는 매우 들뜬 상태가 되는데, 이 관계가 회복됐다고 믿기 때문에 그렇다. 상대가 다시 자신을 특별한 대상으로 대해 줄 것으로 기대한다. 그리고 다시 상대를 괴롭히기 시작한다.

또한 사과와 후버링 외에도 나르시시스트가 즐겨 사용하는 '러브 바밍(love-boming)'이 있다. 러브 바밍은 말 그대로 폭탄처럼 애정을 퍼부어 상대가 정신을 차리지 못하게 하는 것이다. 주로 선물 공세, 칭찬 등으로 애정을 표현한다. 만약 러브 바밍으로 상대의 마음을 다시 사로잡았다면 이들은 언제 애정 공세를 했냐는 듯이 이전보다 더 심하게 상대를 괴롭힌다.

그런데 아무리 러브 바밍을 해도 상대의 마음이 변하지 않으면 이들은 주변 사람들에게 이렇게 말하며 피해자 코스프레를 한다.

"내가 이렇게까지 사과하면서 노력하는데 ○○ 씨가 받아 주지를 않네."

그럼 주변 사람들은 러브 바밍을 당하고 있는 상대에게 이렇게 말한다.

"좀 받아 줘라. 그 사람(나르시시스트)도 그렇게 노력하고 있는데 너무한 거 아냐?"

나르시시스트는 절대 바뀌지 않는다. 그래서 나르시시스트의 이런 행동을 경계해야 할 필요가 있다. 더 좋은 방법은 계속해서 말하지만 멀리 도망가는 것이다. 그러나 현실적으로 불가능한 일이니 나르시시스트가 사과했다고 해도 변할 것이란 기대감은 버려야 한다. 그리고 나르시시스트와 일정한 선을 그으며 언제든 도망갈 퇴로를 마련해야 한다. 이들은 끊임없이 미끼를 던지며 당신을 유혹할 것이기 때문이다.

나르시시스트에게는 사과하는 행동만 있을 뿐 사과하는 마음은 없다. 아무리 통제하려고 해도 통제되지 않는 상대의 행동이 거슬려서 그 불편함을 해소하기 위해 사과라는 행동을 하는 것

나르시시스트가 내 감정을 망쳐 놓아도
내 마음의 본질은 변함없다.

뿐이다. 물론 나르시시스트가 후버링, 러브 바밍 등 다양한 방법으로 유혹해도 휘둘리지 않는 사람이 있다. 뒤에서 더 자세하게 다룰 자존감이 높은 사람이다.

2장

그건 너의
감정이지
내 감정이 아니야

나르시시스트의 감정놀음에서 벗어나기

너의 생각이
나랑 무슨 상관이야?

——

경계와 분리

'상대방을 괴롭히면서 신나는 사람.'

'주변 사람들을 힘들게 해 놓고 자신과는 아무 상관이 없다는 듯 행동하는 사람.'

감정 파괴범 나르시시스트를 이르는 말이다. 남의 이야기를 경청하는 사람, 반응을 잘해 주는 사람, 긍정적 에너지가 느껴지는 사람은 나르시시스트의 타깃이 되기 쉽다. 나르시시스트는 이들의 장점을 활용해 자신의 감정을 쏟아 내며 이들을 자신의 감정 쓰레기통으로 활용한다. 나르시시스트의 타깃이 되면 긍정적인 사람도 삽시간에 감정이 망가지기 쉽다. 그래서 감정 파괴범인 나르시시스트로부터 나를 지켜야 한다. 이때 나르시시스트로부터 어떻게 자신을 지킬 것인지 생각해 보자.

나를 지키는 방법, 경계와 분리

나를 보호하기 위해 나르시시스트와 싸우는 쪽으로 결정했다면 마음을 굳게 먹고 나르시시스트가 다시는 이런 행동을 하지 못하도록 강하게 행동해야 한다. 하지만 싸우지 않기로 했다면 나르시시스트의 어떤 행동에도 반응하지 않고 얽히지 않아야 한다. 이때 등장하는 것이 '경계'와 '분리'다.

먼저 나르시시스트가 자기감정을 조절하지 못하고 나의 감정을 파괴하고 있다면 경계를 설정해야 한다. 경계 설정은 일종의 선 긋기다. 이때 선은 일직선이 아니라 나를 중심에 두고 내 주위로 원을 그려야 한다.

"네 감정이 불편하다고 해서 나를 함부로 대해서는 안 돼."

이렇게 경계를 설정하면 나르시시스트가 아무리 그 경계 안으로 들어오려고 해도 절대 들어올 수 없게 해야 한다. 그럼 나르시시스트의 부정적 감정으로부터 나를 보호할 수 있다. 아마 자기감정대로 상대를 대했던 나르시시스트는 상대가 자신을 밀어내면 불안해서 난리가 날 것이다. 경계를 설정했다면 나르시시스트가 경계선 밖에서 문 열어 달라고 울부짖어도 그대로 둬야 더 이상 감정이 오염되지 않는다.

경계를 설정했다면 이제 감정을 분리한다. 상황에 따라서는 경계 설정과 동시에 감정을 분리할 수도 있다. 감정을 분리하기 전에 이것을 구별할 줄 알아야 한다. 먼저, 내가 타인에 대한 정서적 공감 능력이 높아 상대방의 아픔과 기쁨을 공감할 수 있다고 해서 이런 공감 능력을 악용하는 나르시시스트의 감정까지 공감해야 하는 건 아니다. 즉 자신의 감정을 생각 없이 쏟아 내는 것까지 공감해야 하는 건 아니라는 것이다.

이 사실을 알았다면 이제 당신에게 감정을 쏟아붓는 나르시시스트의 감정과 자신의 감정을 철저하게 분리한다. 나르시시스트가 불편하고 부정적인 감정을 당신에게 전달해도 그건 나르시시스트의 감정이지 내 감정이 아니다.

"그래, 이 부정적인 감정은 너(나르시시스트)의 것이고, 나는 너의 감정과 떨어져서 지켜보는 중이야."

또한 이성을 잃고 자기 말만 하는 나르시시스트에게 당신이 그들의 감정을 수용할 수 있을 만큼 심리적으로 여유롭지 않다는 사실을 보여 준다. 어떤 여지도 주지 않은 채 이렇게 말한다.

"흥분하지 말고 침착하게 말할 준비가 되면 다시 이야기하자."

누군가는 "너무 냉정한 거 아니야?"라며 당신을 다그칠 수도 있다. 하지만 당신이 조금이라도 감정적으로 동요하는 모습을 보이면 나르시시스트는 바로 돌변할 것이다.

보통 지치고 힘들 때 서로 이야기를 들어 주고 위로하며 소통하지만 이건 어디까지나 정서적으로 교류가 되는 사람들 사이에서나 가능하다. 나르시시스트에게 이렇게 다가갔다가 오히려 감정 쓰레기통이 될 수 있다. 나르시시스트는 공감과 위로가 필요하기보다 화풀이할 대상을 찾고 있기 때문이다. 따라서 우리는 선을 그어 경계하고, 자신의 감정을 지키기 위해 그들에게서 감정을 분리해야 한다.

14

관계에서 한 걸음 물러설 용기

—

스포트라이트

나르시시스트와 함께 지내는 건 너무 힘든 일이다. 나르시시스트를 달랠 수 있다면 달래서라도 같이 지내겠지만 쉽지 않다. 앞서 이야기한 것처럼 나르시시스트를 만나지 않는 게 가장 좋고, 만났다면 도망가는 것이 가장 좋은 방법이다.

하지만 현실에서 나르시시스트를 완전히 차단하기는 쉽지 않다. 알게 모르게 우리 주변에는 나르시시스트가 존재하고, 시도 때도 없이 분노를 표출하며 사람들을 괴롭힌다. 이 사람들은 나르시시스트 때문에 병을 얻어 치료받기도 한다. 이제는 이 관계에서 벗어날 용기를 가져야 한다.

주고 뺏기 전략

나르시시스트와 함께 지내기 위해서는 일정한 규칙이 필요하다. 마치 인간관계 매너를 모르는 룸메이트와 함께 사는 것과 같다. 서로 규칙을 만들고 지킬 수 있도록 심리학에서 강화와 처벌 이론으로 설명해 본다.

'강화(reinforcement)'는 자극을 통해 행동을 더 많이 하도록 만드는 것이다. 반면 '처벌(punishment)'은 자극을 통해 행동을 더 적게 하도록 만드는 것이다. 즉 나르시시스트가 좋아하고 싫어하는 것을 주거나 뺏는 방법으로 현재의 행동을 개선하는 방향점을 찾아보는 것이다. 강화와 처벌의 방법을 차례대로 하나씩 이야기하며 효과적인 방법을 알아본다.

첫 번째, 정적 강화로 나르시시스트가 좋아하는 것을 주면서 매너 있게 행동하도록 만든다.

나르시시스트가 좋아하는 칭찬, 관심, 애정, 아부 같은 감정을 주거나 나르시시스트가 일방적으로 말하는 이야기를 경청한다. 그들이 원하는 대로 해 주며 그들의 행동을 매너 있게 만들어 주는 방법이다.

이 방법은 보통의 사람에게는 효과가 있지만 나르시시스트에게는 효과적이지 않다. 나르시시스트가 좋아하는 것을 주는 것은 과감히 나르시시스트의 희생양이 되겠노라고 선언하는 것과 같다. 나르시시스트는 칭찬으로 행동이 교정되는 것이 아니라 친절하게 대하면 상대를 자신의 먹잇감으로 여긴다.

두 번째, 부적 강화로 나르시시스트가 싫어하는 것을 뺏으면서 매너 있게 행동하도록 만든다.

이 방법 역시 보통 사람을 상대할 때 효과가 있을지 몰라도 나르시시스트에게는 별로 효과가 없다. 나르시시스트가 싫어하는 지적, 비난 등을 하지 않는다고 해서 행동이 교정되지 않는다. 기본적으로 나르시시스트는 자신이 가장 대단하고, 자기 생각 외에 다른 사람의 생각은 모두 틀렸다고 생각한다. 그래서 나르시시스트에게 지적하지 않으면 이들은 오히려 역시 자기가 맞다고 생각한다.

세 번째, 정적 처벌로 나르시시스트가 싫어하는 것을 주면서 공격성을 줄이도록 만든다.

나르시시스트가 싫어하는 비난, 지적, 수정, 거절을 나르시시스트에게 주면 수치심과 열등감으로 가득한 나르시시스트의 피해의식이 폭발한다. 이들은 자신이 싫어하는 것을 상대가 조금이라도 건드리면 크게 분노한다. 이런 식의 행동 교정은 감정 소모만 클 뿐 효과적이지 않다.

네 번째, 부적 처벌로 나르시시스트가 좋아하는 것을 뺏으면서 공격성을 줄이도록 만든다.

나르시시스트가 잘못된 행동을 하면 무의식중에 누려 왔던 것을 하나씩 빼앗는 것으로 공격성을 줄이는 방법이다. 대체로 나르시시스트는 돈을 좋아하고 돈에 예민하다. 돈에 굉장히 인색하므로 나르시시스트가 잘못된 행동을 하면 무상으로 제공받던 혜택을 제거한다.

또한 나르시시스트는 주변 가십거리, 개인사 같은 정보에도 집착한다. 이들은 수집된 정보를 자기 마음대로 해석해서 여기저기 떠들기 때문에 정보를 주지 않는 것도 방법이다. 가장 강력한 것은 나르시시스트가 좋아하는 인정과 관심을 제거하는 것이다. 이때 회색 돌 기법을 사용해 무반응으로 일관한다. 나르시시스트에게 인정과 관심은 삶 그 자체이기 때문에 이 방법은 매우 효과적이다.

나르시시스트를 향한 스포트라이트 끄는 법

늘 스포트라이트를 받아야 하는 나르시시스트에게 가장 가혹한 벌은 그를 향한 모든 스포트라이트가 꺼지는 것이다. 더 이상 사람들이 그를 향해 환호하지 않는 것, 냉담하게 그를 지나치는 것, 그를 더 이상 대단한 존재로 보지 않는 것이다.

이들은 고립에 대한 불안이 크기 때문에 자신이 소외되고 고립되면 매우 불안해한다. 그래서 나르시시스트를 향한 스포트라이트를 끄면 이들은 더 과격하게 행동한다. 하지만 나르시시스트와의 관계에서 한 걸음 물러나기 위해서는 반드시 거쳐야 하는 과정이다.

스포트라이트 끄기 첫 번째, 인정 타임을 없앤다.

나르시시스트는 플라잉 몽키들을 모아 놓고 일방적으로 자신의 이야기를 하면서 인정과 관심받는 시간을 즐긴다. 일명 인정 타임이다. 예를 들어 나르시시스트는 자신의 무료함을 달래기 위해 동료들에게 커피를 마시자고 제안한다. 이때 대화의 주도권을 잡고, 동료들의 집중을 받기 위해 가십거리처럼 자극적인 주제를 꺼내거나 자신의 찬란했던 무용담을 늘어놓으며 추앙을 요구한다. 이 시간이 나르시시스트에게는 에너지원이 되므로 나르시시스트가 더 이상 관심받지 못하도록 사적인 대화 시간을 차단한다.

스포트라이트 끄기 두 번째, 서열을 붕괴한다.

나르시시스트가 세운 서열을 무시한다. 만약 내가 나르시시스트의 서열 아래에 있다면 더 이상 서열에 집착하지 않는다. 즉 나르시시스트가 만든 서열이 아닌 사람들이 기존에 갖고 있던 역할과 위치에만 집중하는 것이다. 회사라면 회사가 부여한 공식적인 직위와 직급에 따라 일을 진행한다.

스포트라이트 끄기 세 번째, 갑질할 기회를 차단한다.

그동안 자신을 비추던 스포트라이트가 꺼져도 나르시시스트는 개인이나 조직을 지배하던 과거 모습을 놓지 못하고 자신의 존재감을 드러내기 위해 행동한다. 나르시시스트가 선택하는 방식은 갑의 위치에서 행동하는 것이다. 자신의 영역이 아닌 일에 참견하며 화를 내거나 자신의 의견을 주장한다.

예를 들어 자신의 업무가 아닌데도 협력 업체와의 미팅 자리에 참석해 과도한 요구를 하면서 자기 모습을 과시한다. 또는 참여하지 않아도 되는 회의에 참석해 자신의 주장을 동료들에게 강요한다. 이럴 때는 합리적이고 원론적인 사유를 만들어 참석과 간섭을 원천 차단한다.

이 방법들 외에도 스포트라이트를 끄는 방법은 다양하다. 어떤 방법이든 나르시시스트는 받아들이지 못하고 화를 낼 것이다. 그럼에도 처음부터 단호하게 입지를 지켜야 앞으로 끌려다니지 않을 수 있다. 어느 순간 스포트라이트 금단 증상을 견딜 수 없는 나르시시스트의 저항감이 항복으로 바뀌는 시점이 온다. 그때마저도 흔들리지 않는 것이 중요하다.

15

나를 위해 나르시시스트에게 기대하지 않는다

—

브레드 크럼빙

보통 인간관계에서 큰 기대는 아니더라도 '응당 사람이라면 이렇게는 하지 않겠지'라는 기대를 한다. 하지만 나르시시스트에게는 이런 기대가 무의미하다. 그래서 이들을 이해하려면 일반적인 시선이 아닌 다른 시선으로 바라봐야 한다.

일반적으로 연인 관계에서 이별의 촉매제가 '상대에 대한 기대'가 될 때가 많다. '내가 이 정도 했으면 상대도 최소한 이 정도는 해 주겠지' 하는 기대감이 어긋나면 감정이 폭발해 이별까지 가게 된다. 이처럼 기대는 현실을 그대로 보지 못하고 왜곡하는 역할도 한다.

반면에 큰 기대 없이 영상을 보다가 감동적인 장면이 나오면 눈물이 난다. 기대감이 없었기에 더 큰 감동이 찾아온다. 적절한 기대감은 사람의 감정을 다채롭게 하고, 더 나아가 세상을 발전시키는 긍정적 역할을 한다.

그들은 절대 변하지 않는다

하지만 나르시시스트의 경우라면 이야기가 달라진다. 기대의 부정적인 면이 있든 긍정적인 면이 있든 상관없이 나르시시스트에게는 기대하지 않는 것이 가장 좋다. 나르시시스트는 상대의 기대감을 금방 알아차리고 이를 이용한다. 사람들이 자신을 의심해도 후버링이나 러브 바밍을 통해 상대가 '이 사람 좀 변했나?' 하는 기대감을 보이면 이를 바로 눈치채고 다시 상대를 지배하기 위해 행동한다.

나르시시스트에게 기대하지 말라고 이야기하는 가장 큰 이유는 피해자를 위해서다. 피해자는 나르시시스트에게 가스라이팅을 너무 당한 나머지 그들이 괴롭혀도 '그래도 사람인데' 혹은 '나에게 미안한 마음이 있겠지' 하는 기대를 한다.

나르시시스트에게 사람답게 행동해 주길 기대하는 순간 나르시시스트는 기대감을 이용해 좀 더 과격한 행동을 보인다. 그럼 피해자는 '내가 뭘 잘못했나?' 하는 죄책감에 빠져 자기 검열을 시작한다. 차라리 나르시시스트에게 아무런 기대도 하지 않고 그들이 어떤 눈빛으로 보든 말든 그건 그의 사정이라고 마음먹어야 흔들리지 않는다.

빵 부스러기를 받아먹지 말라

나르시시스트는 공감 능력은 없어도 상대방이 자신에게 마음이 흔들렸다는 사실을 귀신같이 알아챈다. 그래서 나르시시스트에게 휘둘리지 않으려면 '브레드 크럼빙(bread-crumbing)'에서 벗어나야 한다. 브레드 크럼빙은 상대에게 작고 헛된 희망을 던지며 관계를 계속해서 통제하려고 할 때 사용하는 기술이다. 실제로는 관심 없지만 관계를 유지하기 위해 상대에게 관심 있는 척하며 사소한 물건이나 메시지 등을 하나씩 던지는 것이다. 여기서 벗어나기 위해서는 나르시시스트와 감정을 분리하고 나르시시스트의 부정적 감정이 나에게 오지 못하도록 차단해야 한다.

우선 나르시시스트가 무관심으로 방치하거나 부정적인 감정을 마구 쏟아 내다가 갑자기 빵 부스러기를 흘리면 기대하고 고마워할 것이 아니라 '고작 이 정도의 빵 부스러기를 던지냐?'라고 생각해야 한다. 여태 나르시시스트가 자신을 방치하거나 감정 쓰레기통으로 활용했는데 갑자기 태도가 호의적으로 변한다고 그의 잘못된 행동이 정당화되는 건 아니기 때문이다.

하지만 나르시시스트에게 심리적으로 지배당한 피해자는 나르시시스트의 격한 감정 상태도 정서적 학대로 인식하지 않고 '내가 기대에 부응하지 못해서' 또는 '좀 더 잘하라'는 의미로 생각한다. 그래서 나르시시스트가 던지는 빵 부스러기에도 '그래도 그 사람이 나를 많이 생각해' 혹은 '나에게 미안해하네'라며 감사해한다. 지극히 가스라이팅을 받은 단적인 예다. 나르시시스트가 브레드 크럼빙을 할 때는 이렇게 생각해 보자.

"나는 빵 부스러기에 만족하는 사람이 아니다."

이렇게 나르시시스트와 감정을 차단하기 시작하면 뿌옇던 안개가 걷히고 새로운 시야가 열릴 것이다. 자신의 가치를 나르시시스트가 던지는 빵 부스러기쯤 정도로 생각하지 말아야 한다. 나르시시스트가 당신에게 빵 부스러기를 던지는 이유는 당신이 나르시시스트의 부족한 자존감, 공허함, 욕구 등을 채워 주는 수단이기 때문이다. 또한 당신이 그 정도 빵 부스러기에도 만족하는 사람이라고 생각해서다. 그러니 당신의 감정을 낭비하며 지내기보다 자신을 진정으로 위하는 사람들과 더 진실한 관계를 맺으면 좋겠다.

16

이 관계에서
좋은 게 좋은 것이란 없다

—

수용

많은 사람이 나르시시스트에게서 벗어나지 못하는 이유가 시간, 정, 추억 때문일 것이다. 자신들이 쓴 시간과 마음을 감당할 자신이 없는 걸 수도 있다. 하지만 더 시간이 쌓이면 쌓일수록 우리가 감당해야 할 몫은 더 커지기 때문에 하루빨리 관계를 끊어내야 한다. 그리고 이런 마음을 가져야 한다.

'나르시시스트와 안전하게 이별하게 되어 다행이다.'
'악연을 끊어 내야 그 자리에 좋은 인연이 들어온다.'

'좋은 게 좋은 것이다'란 말은 나르시시스트와 당신의 관계에서 해당하지 않는다. 나르시시스트와의 관계가 맞는지 의심이 들고, 이들과의 관계가 불편하다면 차단하는 것이 장기적으로 나에게 무조건 이득이다.

상실을 수용하지 못하는 나르시시스트

심리학자 오토 컨버그는 나르시시스트는 '정체성 혼미 상태'라고 정의했다. 보통 어린 시절에 정체성이 분화되더라도 자라면서 통합되는데, 나르시시스트는 그렇지 않다. 그래서 병적으로 어떤 대상을 극단적으로 이상화하거나 이유 없이 평가절하한다. 과대화된 자기상을 유지하기 위해 이용했던 상대가 자신을 벗어나려고 하면 이를 받아들이지 못하고 격노하다 못해 집착한다. 이는 나르시시스트의 정체성 혼미에서 기인한 것이다.

물론 인간은 자신이 동경하고 사랑했던 대상을 상실하면 그 사실을 수용하는 데 오랜 시간이 걸린다. 하지만 시간이 오래 걸려도 이 과정을 견뎌 낸다. 그러나 나르시시스트는 상실을 받아들이지 못한다. 프랑스의 정신 분석학자 장 샤를르 부슈는 저서 《악성 나르시시스트와 그 희생자들》에서 나르시시스트는 내적 대상의 상실로 인해 발생하는 내적 갈등을 맞설 능력이 없다고 설명한다. 관계에서 분리 불안이 있는 나르시시스트는 한때 자

나를 향한 나르시시스트의 관심을 끊어야
나를 지킬 수 있다.

신이 이상화했던 대상을 자신이 평가 절하하면서도 상대를 포기하지 못한다.

인간의 상실 과정은 부정, 분노, 우울, 수용의 단계로 진행된다. 우리가 사랑했던 누군가와 이별했을 때 처음에는 현실을 부정하고 그 후에는 분노로 잠을 이루지 못한다. 깊은 우울감으로 바닥을 뚫고 나온 후에 결국 시간에 승복하게 된다.

하지만 나르시시스트는 이 단계로 진행되지 못하고 부정과 분노 사이에 머무른다. 좌절이나 상실의 감정은 어린 시절부터 많은 실패를 경험하고 극복하며 자신이 이 세상의 중심이 아니라는 걸 받아들일 때 생기는데, 나르시시스트는 이런 과정 없이 유아기적인 상태에 머물렀기 때문에 상실을 수용할 능력이 없다.

이들은 상실감을 받아들이고 상대를 포기할 수 있을까? 아니다. 나르시시스트는 자신에게 자기애적 에너지를 공급해 주던 대상이 벗어나려는 것을 결코 수용하지 못한다. 자신이 더 이상 특별한 사람이 아니라는 소리와 같기 때문이다. 이들은 벗어나려는 대상을 포기하지 않는다. 따라서 벗어나려는 자 역시 포기하지 않아야 벗어날 수 있다.

나르시시스트에게서 벗어나기로 했다면 그동안 나르시시스트에게 했던 인정, 칭찬, 관심을 거둬야 한다. 나르시시스트는 공감 능력은 떨어지지만 상대방이 자신을 떠나려고 하는 것은 금방 알아챈다. 이들은 상대를 붙잡기 위해 러브 바밍을 던지면서 회유한다. 이런 사사로운 유혹에 넘어가서는 결코 이들에게서 벗어날 수 없다.

나르시시스트는 겉모습만 어른이지 내면은 어린아이 수준이다. 그래서 자신의 감정을 잘 다루지 못하고 감정 처리에 미숙하다. 어린아이라면 떼를 쓰거나 울면 부모가 교육할 수 있지만 우리는 나르시시스트의 부모가 아니다.

나르시시스트를 고치는 게 얼마나 힘든 일이냐면 악성 나르시시스트 치료는 의사에게도 버거운 일이다. 실제로 나르시시스트를 치료해도 나아지지 않고 이들은 치료를 쉽게 그만둔다는 보고가 있다. 따라서 이 관계에서 '좋은 게 좋다'는 안일한 생각은 버려야 한다.

상실과 수용을 할 줄 모르는 나르시시스트는 사람들을 집착하고 괴롭히는 데 절대 지치지 않는다. 특히 나르시시스트와 연인 혹은 배우자 관계인 경우 이들이 이별 과정에서 스토커처럼 행동하는 모습을 많이 볼 수 있다. 즉 이들과 안전하게 이별할 수 있는 것이 축복인 시대에 살고 있다. 그러니 잊지 말자. 좋은 게 모두 좋은 것은 아니다.

17

사사건건 분노하는
나르시시스트를 대하는 법

—

열등감

'오늘은 또 어떤 일로 화내려나….'

아무리 둔한 사람이라도 사사건건 분노하는 나르시시스트를 옆에서 지켜보기는 쉽지 않다. 나르시시스트와 함께 생활하는 가족, 동료들은 하루하루 살얼음판을 걷는 기분이다. 나중에는 나르시시스트의 눈빛만 봐도 곧 그들의 분노를 짐작하는 수준에 다다른다.

그런데 나르시시스트는 왜 이렇게 분노할까? 열등감에 가득 차 있기 때문이다. 이들은 항상 누군가 자신을 무시할까 두려워한다. 어떨 때는 상대가 무시하지 않았는데도 무시당했다고 생각하며 복수를 한다. 다행히도 이들의 분노는 패턴화돼 있어 우리가 쉽게 인식할 수 있다.

만약 어떤 사람이 말실수했다면 보통은 당사자와 이 문제를 해결하려고 할 것이다. 하지만 나르시시스트는 그렇지 않다. 이들의 해결법은 다음과 같다.

첫 번째, 자신의 의견을 가장 잘 들어 줄 감정 쓰레기통 역할을 하는 서플라이나 플라잉 몽키를 찾아간다.

나르시시스트는 갈등의 당사자를 찾아가지 않는다. 감정 처리가 미숙한 나르시시스트는 이 불편한 감정을 어찌할 줄 몰라서 일단 뱉어 내려고 한다.

두 번째, 나르시시스트는 서플라이 혹은 플라잉 몽키에게 지금 상황을 확인받고 싶어 한다.

자신이 지금 화가 나는 상황이 맞는지, 얼마나 화가 났는지, 자신이 어떻게 상대를 혼내야 하는지 등 확인받고 싶어 한다. 나르시시스트의 조력자는 감정 증폭기 역할을 하기 때문에 이런 확인 과정에서 나르시시스트는 감정이 격해진다. 아주 사소한 이슈도 나르시시스트의 열등감과 조력자의 인정이 합쳐지면 격노가 된다.

세 번째, 확인을 마쳤다면 이제 당사자를 찾아간다.

증폭된 감정을 탑재한 나르시시스트는 그제야 당사자를 부른다. 그리고 분노를 마구잡이로 표출하기 시작한다.

방어 기제로 나타나는 분노

하인즈 코헛의 자기 심리학적 관점에 따르면 나르시시스트는 이상화된 자기의 자기애적 욕구의 좌절을 경험한다. 욕구가 좌절되면 이들은 자신이 감정을 조절하지 못했다는 무력감을 느낀다. 이 무력감은 이들이 그토록 숨기고 싶어 하는 낮은 자존감과 수치심을 드러나게 한다.

이들은 수치심에 대한 방어적 행동으로 격노, 완벽주의, 교만, 경멸, 권력과 통제 추구, 비판과 책망, 과한 친절함 등을 보인다. 즉 내적 결함으로 인한 수치심을 나르시시스트는 스스로 느끼지 못하도록 자기애적 격노라는 행동을 통해 방어하고 있는 셈이다. 결국은 나르시시스트의 분노는 자신의 무능감과 수치심을 감추기 위한 방어 기제다.

또한 과학 연구 전문 매체인 〈스터디파인즈〉에 수록된 자기애와 소외감 상관성 연구에 따르면 나르시시즘 특성이 강한 사람일수록 사소한 일에도 소외감을 느낄 가능성이 크다. 그래서 자신을 배제했다고 생각해 화를 낸다. 게다가 피해망상 회로를 돌려 다른 사람들이 자신을 음모하고 있다고 여긴다.

나르시시스트는 일대일 상황뿐만 아니라 다수가 모인 자리에서도 사사건건 분노한다. 많은 사람이 모여서 회의하거나 간식을 먹으며 웃고 떠드는 자리에서도 나르시시스트는 자신 외에 다른 사람이 대화의 중심에 서면 어김없이 분노를 드러낸다. 자신이 대화의 주인공이 되지 못했다는 이유다. 다른 사람의 말에 웃거나 호응하는 모든 사람을 적으로 간주한다.

이때부터 자신의 불편한 감정을 표현하기 위해 자신을 화나게 만든 상대들, 즉 나르시시스트가 아닌 다른 사람의 말에 호응한 사람들에게 자신이 얼마나 소외감을 느끼는지, 그래서 지금 얼마나 화가 나는지를 이야기한다. 이 과정을 통해 나르시시스트는 자신의 분노에 대한 정당성을 얻는다. 이렇게 정당성을 얻으면 나르시시스트는 그제야 대화의 중심이었던 사람에게 가서 분노한다. 나르시시스트의 분노와 우기기에 지친 상대는 이 상황을 빨리 끝내기 위해 잘못한 것이 없는데도 사과한다.

그냥 미안하다고 말하면 안 돼?

나르시시스트의 분노 패턴을 알게 되면 우선 사적인 대화를 나누지 않아야 한다. 회사라면 공식적인 업무로만 대화하고 커피를 마신다거나 간식을 먹는 등의 자리를 만들지 말아야 한다. 즉 나르시시스트가 좋아할 만한 상황과 환경을 만들지 않는 것이 중요하다.

또 나르시시스트의 분노가 자신의 수치심을 막기 위한 방어 기제라는 것을 인지하고 나르시시스트의 분노에 반응하지 않아야 한다. 이들이 아무리 우기고 화를 내도 싸움에 말리지 않고 감정적으로 동요하지 않으면 아마 나르시시스트는 이런 부탁을 할 수도 있다.

나르시시스트	그냥 네가 잘못했다고 한 번만 말해 줘. 미안하다고 말하는 게 그렇게 힘들어?
나	내가 잘못도 안 했는데 왜 잘못했다고 말해야 해?
나르시시스트	그냥 한 번만 네가 잘못했다고 말해 주면 안 돼?
나	내가 왜? 내가 왜 그래야 해?

말도 안 되는 상황이지만 나르시시스트에게는 자신의 수치심과 무능함을 마주하는 것보다 이런 부탁을 하는 게 더 수월하다. 하지만 우리는 나르시시스트의 이런 부탁을 들어 줄 이유가 없다. 그동안 많은 사람이 본인의 잘못이 무엇인지도 모르고 '미안하다' 혹은 '잘못했다' 등의 말로 나르시시스트의 분노를 달래 줬지만 이제 거절하는 법을 익혀야 한다. 사사건건 분노하는 나르시시스트의 감정은 나와 아무 상관 없다.

18

나르시시스트의
시기와 질투를 즐기자

—

질투심

주변에 질투심 강한 사람이 한 명만 있어도 대화가 힘들다. 무슨 말을 해도 질투를 하니 난처하다. 나르시시스트는 질투심이 엄청 강하다. 항상 자신이 주인공이어야 하는 나르시시스트의 심리 기저에는 특권 의식과 질투심이 깔려 있다. 그래서 자신이 대화의 중심이 아닐 경우 질투심을 강하게 느낀다.

질투쟁이 화법 분석하기

질투쟁이 나르시시스트가 시기와 질투를 어떻게 표현하는지 알아보자. 예를 들어 나르시시스트 A는 회사 동료 B의 승진을 축하해 주기 위한 회사 식사 자리에 갔다. 그런데 A는 사람들이 자신이 아닌 B에게 집중하는 모습에 질투한다. A는 자신이 주인공이 아님에도 주인공이 되려고 한다. A는 자신에게로 관심이 쏠리도록 대화 전환을 시도한다.

A   축하해요. 승진하면 이제 어느 팀으로 발령이 나는 건가요?

B   감사합니다. ○○ 팀이라고 들었습니다.

A   이제 고생길이 훤하겠네요. 저도 10년 전에 그 부서에서 일했는데, 너무 힘들었어요. 승진한 걸 후회하게 될 수도 있어요.

나르시시스트 A는 B를 축하해 주며 대화를 시작한다. 그리고 자기 경험을 이야기하면서 대화의 주도권을 빼앗고 걱정하는 척하며 교묘하게 승진이라는 성과를 공격한다.

또 다른 예로 나르시시스트 A와 거래처 사장 B는 업무차 회의에 참석했다. 동료들의 관심이 B에게 집중되자 A는 질투를 느끼며 B를 깎아내리기 시작한다.

A   실례지만 집이 어디세요?

B   저는 대치동에서 오랫동안 살고 있습니다.

A　좋은 데 사시네요. 저는 공기 좋은 ○○에 살고 있습니다. 저는 누가 대치동 아파트 준다고 해도 안 살고 싶어요. 서울에 재건축 아파트 아시잖아요? 저는 그렇게 낙후된 곳에서는 못 살아요. 게다가 강남 사는 사람은 재산이 아파트밖에 없지 않나요? 사장님도 제가 사는 동네로 이사 오세요.

나르시시스트의 질투는 열등감의 복합체다. 공감 능력이 부족한 나르시시스트는 타인의 기쁨과 슬픔을 공감하지 못한다. 그래서 좋은 일이든 나쁜 일이든 타인의 상황은 중요하지 않고, 자신이 아닌 타인에게 집중되는 상황에만 분노한다. 이 분노를 질투로 표출한다. 또한 자신은 잘난 누군가에게 크게 상처받은 혹은 상대적 박탈감을 느끼는 피해자로 둔갑한다. 자신의 의견을 동의해 줄 사람들, 즉 자신처럼 질투심이 강한 사람들에게 가서 상대방의 자랑으로 얼마나 피해를 봤는지 호소한다. 그리고 이렇게 말한다.

"자기가 잘났으면 얼마나 잘났어!"

유유상종 모여 잘난 누군가를 깎아내리기 위해 모든 에너지를 쓴다. 그래도 질투심이 해소되지 않으면 자기가 할 수 있는 행동 그 이상으로 행동하며 무리하기 시작한다. 이를테면 명품 가방을 사서 그 가방을 끌어안으며 자신이 그 수준까지 상승했다고 생각한다. 그리고 자신의 질투심이 해소됐다고 착각한다.

나르시시스트의 질투에서 벗어나는 방법

심리학자들은 나르시시스트의 질투를 병적인 수준으로 설명한다. 평범한 사람들이 하는 시기와 질투는 폭력성을 띠지 않는다. 하지만 나르시시스트의 시기와 질투는 폭력성이 담겨 있다. 나르시시스트는 자신이 사람들을 질투하면서도 타인이 자신을 시기, 질투한다고 굳게 믿는다. 또한 서열을 중시하는 나르시시스트는 자기보다 서열이 낮다고 생각한 사람이 주목받으면 어김없이 자기애적 상처를 끌고 나온다.

예를 들어 부인이 나르시시스트인 경우, 남편이 여행지에서 다른 이성의 요청으로 사진을 찍어 주는 것만으로도 분노한다. 이들은 자신의 불안을 남편에게 투사하면서 남편이 마치 그 여행지에서 만난 낯선 여자와 외도한 것처럼 치부한다. 실제로는 사진을 찍어 준 것뿐이지만 아내는 상황을 그대로 보지 않고 자신이 갖고 있던 불안감, 피해망상을 대입해 남편에게 죄책감을 씌운다. 반대로 자신이 질투를 느낄 상대가 아니라는 판단이 들면 안도감을 느끼고 선민의식을 갖는다. 여기서 더 심하면 선민의식을 넘어 상대의 삶에 스며들어 조종하려고 한다.

그럼 어떻게 나르시시스트의 질투에 대처해야 할까?

첫 번째, 나르시시스트가 질투한다고 해서 자기 삶을 제한할
필요는 없다.

나르시시스트의 기준에 맞추기 위해 자기 검열하며 노력해도
그들의 질투는 멈추지 않을 것이다. 오히려 나르시시스트의 질
투 대상이 될까 봐 두려워서 눈치를 보거나 그들의 말에 동조하
는 순간 우리도 나르시시스트와 같은 수준임을 인증하는 꼴이
된다.

두 번째, 나르시시스트와 사적 정보를 공유하지 않는다.

이들은 사소한 것도 부풀리고 왜곡하므로 개인적인 정보를 제
공하지 않는다.

세 번째, 그들의 시기와 질투를 그냥 즐겨라.

나르시시스트는 피해 의식이 깊어서 질투를 멈추지 않는다.
따라서 나르시시스트의 시기와 질투는 이들의 내적 결함이라고
여유롭게 생각하면 된다. 그래서 나르시시스트가 나에게 질투한
다면 차라리 즐기면 좋겠다. 오히려 나르시시스트의 질투를 자
신의 목표로 가기 위한 성장 동력으로 생각하자.

기본적으로 크게 성공한 사람들 곁에는 나르시시스트가 아니더라도 주변의 시기와 질투가 늘 존재한다. 하지만 그들은 타인의 질투가 두렵다고 해서 자신의 목표를 멈추지 않았다. 나르시시스트를 대할 때도 마찬가지다. 시기와 질투를 즐기면서 내 삶에 집중하면 된다.

19

필요한 것만 말하고
확실하게 거절하는 기술

—

보고 관계

"왜 보고를 안 해? 왜 보고를 안 하냐고!"

나르시시스트는 타인에게 보고받고 정보를 수집하는 데 집착한다. 상대가 아주 사소한 일도 보고하지 않으면 자기를 무시한다고 생각한다.

사회생활을 해 본 사람이라면 알겠지만 보고는 직장 생활의 기본 중의 기본이다. 하지만 나르시시스트가 보고에 집착하는 것은 다른 양상을 보인다.

이들은 왜 보고에 집착할까?

하인즈 코헛의 자기 심리학적 관점에 따르면 이들은 자기 과시적 행동으로 타인의 관심과 인정을 얻고, 이를 통해 부족한 자기애를 채운다. 나르시시스트에게 보고받는 행위는 이상화된 자기애를 지탱하기 위한 과시적 행동이다. 즉 타인으로부터 보고받는 행위가 나르시시스트의 허약한 내면을 일시적으로 채워 준다는 것이다. 따라서 나르시시스트에게 보고받는 행위란 복합적인 의미가 있다.

첫 번째, 스스로 대단한 사람이라고 생각한다.

"나 이렇게 보고받는 사람이야! 나는 대단한 사람이야!"

이들은 타인에게 보고받으면서 자신이 그럴듯한 위치에 있는 사람이라고 착각하고, 자신이 모든 것을 통제한다는 사실에 안도한다. 그러다 보니 다른 사람들보다 집요할 정도로 보고에 집착한다.

두 번째, 이들은 자신이 타인보다 더 많은 정보를 갖고 있다는 우월감에 빠진다.

"내가 가장 먼저 이 정보를 들었고 이 정보를 공유할지 말지는 내가 결정할 거야."

나르시시스트는 자신이 가장 빨리, 많은 정보를 알고 있다는 사실에 만족해하며 이 정보를 통제하려고 한다. 그래서 자신이 정보를 제공받을 만한 위치가 아님에도 자신에게 먼저 정보를 공유하라고 강요한다. 이들은 시시콜콜한 정보라도 자신이 가장 빨리 알아야 한다.

세 번째, 보고하러 찾아온 사람을 붙잡고 자신의 인정 욕구를 채운다.

"메시지로 보내면 그게 보고인가요?"
"앞으로는 사소한 정보라도 찾아와서 보고하세요."

나르시시스트는 전화나 메시지를 통해 전달받는 것보다 직접 찾아와서 전달받는 것에 우월감을 느낀다. 그렇게 자신을 찾아온 사람을 붙잡고 한 시간이고 두 시간이고 자신의 이야기를 하며 자신의 인정 욕구를 채운다. 대면 보고를 원하는 이유도 실은 자기애를 충족하기 위한 경우가 많다.

나르시시스트에게 어떻게 보고할 것인가?

첫 번째, 필요한 정보만 빠르게 전달한다.

일로 엮여서 어쩔 수 없이 보고해야 하는 관계라면 업무에 필요한 정보만 빠르고 정확하게 전달해야 나르시시스트에게 휘둘리지 않을 수 있다. 이런 관계를 구축하지 않으면 퇴근 후에도 휴일에도 메시지를 보내며 업무 지시를 할 것이다.

깍듯하면서도 모든 상황에 똑 부러지게 대처하면 나르시시스트뿐 아니라 어떤 상사도 막 대할 수 없다. 넘어진 김에 쉬어 간다고 나르시시스트 덕분에 인생 기술을 연마한다는 마음으로 사고방식을 전환하는 방향이 현명하다.

두 번째, 갑질 행위라는 것을 스스로 알도록 유도한다.

업무로 사람을 괴롭히고 보고를 강요하는 등 갑질하는 나르시시스트를 상사로 만나면 정말 힘들다. 모든 사람에게 즉각적인 효과가 있는 건 아니지만 공무원같이 직장 내 갑질 행위가 금지된 집단에서는 '지금 당신의 행동이 갑질'이라는 것을 옆에서 언질만 줘도 이들은 겁을 먹는다. 나르시시스트는 타인의 시선에 매우 민감하므로 '갑질 행위'라는 꼬리표는 완벽한 자신의 이미지에 금이 간다고 생각한다.

이렇게 자기 객관화가 되지 않는 나르시시스트는 마치 열기구의 모습과 같다. 열기구는 밑에서 열을 올리면 애드벌룬이 빵빵

해져 화려한 모습으로 하늘을 난다. 멀리서 보면 꽤 그럴싸하지만 애드벌룬의 속은 텅 비어 있다. 나르시시스트 역시 멀리서 보면 그럴싸하지만 그의 내면은 공허하다 못해 텅 비어 있다.

나르시시스트는 사람들의 관심이 무관심으로 변하면 심한 좌절감을 느낀다. 따라서 이들은 사람들의 무관심이 두려워 보고 받는 것에 집착하고, 자신이 먼저 정보를 선점해 다른 사람보다 우위에 있음을 증명하고자 한다. 늘 타인의 인정과 관심에 굶주린 인간일 뿐이다.

20

나르시시스트의
협박이 무섭지 않은 이유

—

감정 컨트롤

나르시시스트의 감정은 롤러코스터 같아서 어떤 날은 즐겁다가도 어떤 날은 격노한다. 이런 나르시시스트의 모습에 사람들이 익숙해져 더 이상 동요하지 않으면 이들은 '분노 돌리기' 수법을 사용해 자신에게 유리한 상황을 만든다. 이 방법은 화풀이와 이간질의 결합으로 생각하면 쉽다.

그들의 협박은 지금 상황을 두려워한다는 의미

상대방이 특별히 잘못한 것이 없는데도 나르시시스트는 화를 낸다. 나르시시스트의 분노는 수치심과 열등감 같은 내적 결함에서 오는 감정이다. 이들은 자신이 불리한 입장에 서 있다고 생각하면 자연스레 으름장을 놓는다거나 협박하면서 상대를 공격한다. 나르시시스트가 분노하는 원초적인 이유를 이해하고 분노 패턴을 익힌다면 나르시시스트의 공격성에 크게 동요할 이유가 없다.

"아 그럼 지금 말씀하신 것처럼 한번 해 보시겠어요?"

나르시시스트의 협박에도 겁먹지 않고 차분하게 말하면 이들은 당황해하고 심지어 두려워한다. 사람들은 보통 난처한 일에 처하면 자신을 지키기 위해 공격과 수비를 적절하게 사용하며 상황에 대응하는데, 나르시시스트는 공격에만 특화돼 있기 때문에 공격이 먹히지 않으면 크게 좌절한다.

이때 나르시시스트는 제삼자를 끌어들여서 자신의 공격이 먹히지 않는 상대에 대한 부정적인 감정을 제삼자에게 투사한다. 제삼자가 상대에 대한 부정적인 감정을 느끼게 만들어 자기 대신 공격하게 만드는 것이다.

나르시시스트는 제삼자를 끌어들이기 위해 이들에게 호의적으로 행동하며 자신의 좋은 이미지를 보여 주고, 자신은 제삼자의 편임을 인식시킨다. 이처럼 제삼자를 감정적 무방비 상태로 만들고, 자신에게 속내를 털어놔도 되는 친한 사이처럼 행동하며 접근한다.

예를 들어 나르시시스트 A는 자신이 아무리 화를 내도 동요하지 않고 똑 부러지게 자기 의사를 표현하는 B가 눈에 거슬린다. 하지만 A는 B에게 섣불리 화내지 못한다. 그래서 A는 B와 같은 부서에서 일하는 동료 C에게 다가간다. 그리고 C에게 "B가 당신에 대해 나쁘게 말하고 다닌다는데 알고 있었나요?"라고 말하며 두 사람 사이를 이간질한다. C가 반응을 보이면 A는 이렇게 말한다.

"C 씨한테만 말하는 거예요. C 씨만 알고 있어요."

C의 마음이 분노로 가득 찬 것을 확인한 A는 미소 짓는다. C는 B를 찾아가 전혀 엉뚱한 일로 화를 내거나 딴죽을 걸기 시작한다.

나르시시스트에게 분노 돌리기는 일명 손 안 대고 코 푸는 방법이다. 이들은 이 방법을 통해 오해받을 상황이나 책임질 상황에서 발을 빼고 멀리서 상황을 지켜보며 신나 한다.

잘못한 것도 없는데 죄책감을 느끼고 있다면
그 감정을 부수고 나와야 할 때다.

분노 돌리기에 휘둘리지 않는 법

나르시시스트와 함께 지내다 보면 비슷한 상황을 여러 차례 겪게 된다. 이런 상황을 겪을 때마다 상황을 냉정하게 파악하고 지금의 감정이 아닌 큰 그림을 보려고 해야 한다.

첫 번째, 감정이 앞서는 상황에서는 직접 글을 써 보며 마음을 정돈한다.

막연하고 불확실한 머릿속 생각을 글로 표현하다 보면 신기하게 감정 정리가 되고 문제를 이성적으로 바라볼 수 있게 된다. 그럼 눈앞에 나르시시스트가 짜 놓은 판이 보이기 시작할 것이다.

두 번째, 어떤 상황에서도 제삼자와 싸우지 않는다.

이들이 감정적으로 행동해 감정을 상하게 하더라도 대응하지 않는다. 나르시시스트가 원하는 것이 바로 싸움이다. 그러니 어떤 일에도 대응하지 말아야 한다. 이렇게 공격이 들어와도 계속해서 수비하다 보면 나르시시스트도 어느 순간 흥미를 잃게 된다.

나르시시스트가 원하는 것은 이성적으로 문제를 해결하는 것이 아니라 자신의 불편한 감정을 누군가에게 퍼붓는 것이다. 그 과정에서 사람들이 싸워야 재미가 있는데 그렇지 않으면 무료해져서 더 이상 공격하지 않는다.

세 번째, 침착하고 평온하게 대응한다.

수학 문제는 문제를 풀기 위해 공식이나 법칙이 있다. 따라서 이런 상황을 마주했다면 수학 문제처럼 자기만의 상황별 해결 방법을 매뉴얼화해서 차분하게 해결한다. 이런 상황이 무척이나 피곤한 일이지만 나르시시스트를 상대하기 위해서는 나르시시스트를 넘어서는 연기자가 돼야 한다.

어느 순간에도 감정 통제는 필수다. 수비하면 할수록 나르시시스트는 자신의 페이스에 말리게 하려고 으름장을 놓거나 협박할 것이다. 그럴 때 발끈하게 되는데 순간의 감정에 즉흥적으로 해결하지 말고 고요한 호수처럼 평온해야 한다. 자신의 감정을 컨트롤하는 것이 진짜 승자다. 이게 나르시시스트와의 싸움에서 핵심이다.

네 번째, 자신이 삶의 중심이 돼야 한다.

나르시시스트 대신 공격하는 제삼자와도 웃으면서 이야기할 수 있게 되면 나르시시스트의 고립에 대한 불안감은 극에 달한다. 그러니 현재의 감정에 매몰되지 말고, 큰 틀을 꿰뚫어 본다는 생각으로 쓸데없는 감정 소모를 하지 않는 것이 현명하다. 어떻게 타인을 괴롭힐지 생각하며 시간과 에너지를 소비하는 나르시시스트보다 그런 공격에도 묵묵히 자신만의 삶을 살아 내는 당신이 진짜 강한 사람이다.

21

신경 쓰지 않는 것이 효과적일 때가 있다

—

셀프 파괴

우리가 사는 세상을 암흑의 세상으로 가정하면 자존감이 높고, 정신이 건강한 사람들의 머리 위에는 밝은 빛이 켜져 있다. 이들은 빛을 통해 세상 구석구석을 보며 무엇이 있는지 알 수 있어 쉽게 불안해지지 않는다. 그래서 안정적이다.

반대로 자존감이 낮은 사람에게는 빛이 없다. 이들에게 세상은 아무것도 보이지 않는 곳이며, 어디에 무엇이 있는지 예측할 수 없는 두려움의 존재다. 이들은 작은 소음과 움직임에도 두려워하고 혹시 누군가 자신을 공격하지 않을까 하는 피해망상에 사로잡힌다. 나르시시스트가 여기에 해당한다.

아무것도 하지 않는 기술

타인의 감정을 함부로 대하는 나르시시스트의 행동은 다른 사람의 감정만 파괴하는 것이 아니다. 이들은 자신의 감정도 스스로 파괴한다. 나르시시스트는 세상을 제대로 바라보지 못하기 때문에 자신의 행동이 곧 자신에게 칼이 되어 돌아올 것이라고는 생각하지 못한다.

그럼 나르시시스트는 언제 이 사실을 깨닫게 될까? 바로 사람들이 자신을 더 이상 신경 쓰지 않는다는 사실을 인지하면서부터다. 그래서 힘을 가장 덜 들이면서도 나르시시스트에게 대응하는 강력한 방법은 '아무것도 하지 않는 것'이다. 일명 '신경 끄기 기술'인데, 쉬운 것처럼 보여도 내공이 단단해야 가능하다. 스위치만 누르면 꺼지고 켜지는 것처럼 생각하면 쉽지만 사람의 감정은 그렇게 쉽게 작동하지 않는다. 하지만 우리가 감정 통제만 잘할 수 있다면 크게 힘을 들이지 않고도 나르시시스트를 좌절하게 할 수 있다.

물론 마음 같아서는 나르시시스트에게 분노를 퍼붓고 싶겠지만 이들에게 감정을 드러내는 순간 나르시시스트가 놓은 덫에 걸리고 만다. 나르시시스트가 원하는 목표를 이루게 도와주는 꼴이다. 나르시시스트가 원하는 방향대로 흘러가지 않으면 이들은 자신을 달래라는 시그널을 강하게 보낼 것이다. 그럴 때는 마치 방에 전등을 끄듯이 나르시시스트를 향한 전등을 끈다는 생각으로 신경을 끊어야 한다.

신경을 끈다는 건 나르시시스트가 오해한 부분이 있어도 사실을 바로잡아 주지 않겠다는 의미다. 그럼 나르시시스트는 자신의 불편한 감정을 견디지 못하고 오히려 자신이 그 감정에 매몰되어 스스로를 파괴한다. 이들은 피해망상에 사로잡혀 실체 없는 이야기를 만들어 내고, 그 이야기에 빠져 스스로를 이야기 속 불쌍한 주인공으로 생각한다. 망상이 점점 깊어지면 자신이 진짜 피해자라고 믿는다.

결국 나르시시스트는 계속해서 피해망상에 빠져 현실과 허구를 구분하지 못하게 되고, 하루하루 고립의 불안과 수치심에 허우적거리며 자신의 마음을 갉아먹는다. 그렇게 나르시시스트는 자신을 스스로 파괴한다.

맹견을 가두는 것이 과연 나쁜 일일까?

여전히 나르시시스트를 신경 쓰고 있다면 이렇게 생각해 보면 어떨까? 빠른 이해를 돕기 위해 조금 과격한 비유이지만 나르시시스트를 청각, 시각이 지나치게 예민한 맹견으로 생각해 보자. 이 맹견은 지나가는 모든 사람을 향해 짖고 공격한다. 행인은 그저 자신의 길을 지나갈 뿐인데 예민한 맹견은 자신에 대한 공격이라 생각하고 광기를 드러낸다. 훈련이 잘된 개는 사냥할 대상에만 공격성을 드러내는 반면 예민한 맹견은 그렇지 않다. 이런 맹견과 사람이 공존하는 방법은 의외로 간단하다. 맹견을 사람과 분리하는 것이다. 맹견을 사람이 보이지 않는 조용하고 담장이 높은 곳에서 지내게 하면 된다.

그렇다면 이 방법이 맹견에 대한 형벌일까? 그렇지 않다. 이렇게 예민한 맹견을 계속해서 시각, 청각, 후각에 노출하면 맹견도 힘들 뿐 아니라 공격성도 점점 더 늘어날 것이다. 따라서 자극을 줄여 주는 것이 맹견과 사람 모두가 공존할 방법이 된다.

다시 돌아와서 생각해 보자.

'아무런 자극도 주지 않는 것.'
'신경조차 꺼 버리는 것.'

이 방법은 스스로를 파괴하는 나르시시스트에게도, 나르시시스트 때문에 힘든 사람에게도 모두 도움이 된다. 신경 끄기가 나르시시스트에게서 거리를 둘 때 필요한 기술인 이유다.

22

지금 이 관계
괜찮을까?

—

트라우마 본딩

"이 관계, 정말 괜찮을까?"

뭔가 이상함을 느꼈는데도 용기가 없어서 냉정하게 들여다보지 않고 도망친 일은 언젠가 꼭 대가를 치르게 된다. 나르시시스트와의 관계가 자꾸 불편하고 의심된다면 당신의 직감이 맞다. 당신의 직감은 이미 답을 알고 있다. 하지만 나르시시스트와 관계를 맺으면서 가스라이팅당하고 서열화에 익숙해져 순간의 의심마저도 의심하며 관계를 끊어 내지 못한다.

나르시시스트의 희생양을 자처하는 이유는?

이런 사람들이 나르시시스트인 연인이나 배우자를 만나면 문제가 커진다. 이들의 사랑은 안정적이지 않다. 정서적이든 경제적이든 꼭 갈등을 빚고, 갑과 을의 관계를 보인다. 또 감정 소모가 크다. 하지만 이들은 서로를 지치게 하는 관계를 겪어야 진짜 사랑이라고 착각한다.

실제로 주변에 나르시시스트 배우자를 둔 사람의 인간관계를 유심히 들여다보니 배우자뿐만 아니라 지인들도 모두 나르시시스트였다. 그는 주변에서 자신을 착취하고 있다는 사실을 알면서도 눈감아 주며 자신의 희생과 도움으로 이 관계가 바뀔 것이라고 믿었다. 그래서 도와주려고 해도 제삼자의 말은 듣지 않고 오히려 화를 냈다. 이런 사람은 자기희생이란 이름으로 나르시시스트의 희생양이 되길 자처한다.

이들은 지나치게 희생적인 모습을 감당하면서 '선택 후 지지 편향(choice-supportive bias)'의 모습을 보인다. 선택 후 지지 편향이란 어떤 선택을 내린 후에 선택 당시에는 고려하지 않았던 근거들을 대면서 자신의 선택이 옳았다고 지지하는 경향성을 뜻한다. 이렇게 나르시시스트의 희생양은 자신의 선택을 옳은 것으로 만들기 위해 계속해서 새로운 이유를 대며 자신이 나르시시스트 옆에 있어야 하는 정당성을 확보한다.

모든 것이 자기 탓이라고 말하는 사람들

이들은 '트라우마 본딩(trauma bonding)'으로 연결된 관계로, 관계의 끈을 쉽게 놓기가 어렵다. 트라우마 본딩은 어려운 상황이나 트라우마를 경험한 후에 형성되는 강력한 정서적 유대를 뜻한다. 희생양은 오랜 시간 나르시시스트의 정서적 학대와 물질적, 심리적 보상을 반복적으로 주고받으면서 유대감을 형성하고, 나르시시스트를 향한 연민 의식을 갖게 된다.

가령 지독한 나르시시스트 배우자에게 정서적 학대를 당해도 이후에 나르시시스트가 따스하게 안아 주거나 보듬어 주면 마음이 풀리는 것과 같다. 이들은 정서적 학대를 인지하면서도 그래도 상황을 벗어날 수는 없다고 표현한다.

"괴로운 건 맞지만 그래도 애들 부모인데 이혼은 어렵지."

이들은 나르시시스트에게 벗어날 수 있는 출구가 바로 눈앞에 보여도 애써 외면하고 그 출구를 보지 않는다. 한 발만 더 나아가면 도와줄 사람이 있지만 한 발을 내딛지 못하고 정서적 학대 속에서 자신을 억누르며 산다. 자신들의 상황과 감정에 매몰되어 누구의 말도 들을 수 없다.

나르시시스트와 분리를 결심하지 못한 이들은 회피 기제로 자구책을 찾는다. 이런 자구책 중에 가장 안타까운 건 나르시시스트에게 가스라이팅당해서 '무조건 다 내 탓입니다'를 반복하는 것이다.

"제가 더 사랑해 주지 않아서 그래요. 제 사랑이 식어서 이제 배우자(나르시시스트)를 예전처럼 사랑하지 않아서 그래요."

나르시시스트의 지독한 가스라이팅은 이들을 사랑의 프레임에 가둔다. 이들은 현실을 제대로 보지 못하고 죄책감에 억눌려 자신의 감정을 왜곡한다. 사실이든 아니든 이렇게 생각해야 하루를 버틸 수 있다. 현실을 직면하는 것이 너무 두려운 이들은 나르시시스트의 행동을 자신의 탓으로 생각하며 죄책감을 느끼는 것이 더 맘 편하다.

트라우마 본딩에 빠진 이들은 관계에서 벗어나기 위해 문을 열고 나와야 하는데 문고리를 잡을 용기가 없다. 그래서 문밖 세상이 얼마나 무서운지, 지금 문 안에 있는 세상이 얼마나 안전한지 등 문을 열지 못하는 이유를 만들어 낸다.

하지만 벗어나지 않으면 괴로움은 사라지지 않는다. 나르시시스트 곁에 남기로 한 자신의 선택이 옳다고 믿고 싶어 스스로를 설득하고 있지만 자신에게 변명할 필요는 없다. 훗날 자신의 선택을 후회하더라도 결국에는 잘못된 선택임을 받아들여야 한발 나아갈 수 있다.

우리 모두 이번 생이 처음이다. 실수할 수도 있고 감정적으로 그르친 판단을 내릴 수도 있다. 아니라고 생각하면 대가를 치러서라도 바로잡을 용기가 필요하다. 다만, 먼 길을 떠난 후 다시 제자리로 돌아오겠다는 용기를 냈다면 그때는 자신을 비난하지도 원망하지도 말아야 한다. 밝은 미소를 지으면서 올바른 곳으로 돌아와야 한다. 되돌아오기로 한 이상 제자리로 향하는 길을 걷는 당신은 행복한 미래만 생각하면 된다.

23

나르시시스트의 삶과
나의 삶은 다르다

—

거리 두기

"그 사람 알지? 그 사람 딸이 장애를 갖고 태어났다는데 참 걱정이야."

"김 부장이란 사람 말이야. 그렇게 아들 자랑을 하더니만 아들이 보이스피싱에 연루돼서 지금 경찰서에 있대."

걱정하는 말투 같지만 가십거리를 쉽게 지나치지 못하는 나르시시스트에게는 아주 흥미롭고 신나는 주제다. 상대가 느낄 아픔과 고통은 나르시시스트에게 전혀 중요하지 않다. 지금 나르시시스트에게 중요한 것은 자신의 즐거움과 이 흥미로운 뉴스를 어디로 퍼뜨려야 할지다.

다른 사람의 불행을 먹고사는 사람

나르시시스트는 상대방이 말하고 싶어 하지 않는 불행을 굳이 밖으로 꺼내 달라고 조른다. 상대방의 이야기를 다 듣고 나면 "정말 큰 고민이겠다"라고 말하며 아픔에 공감하는 척하지만 속마음은 신이 나서 참을 수가 없다. 이토록 타인의 이야기에 관심을 두는 이유는 나르시시스트에게 '남의 불행이 곧 나의 행복'이기 때문이다.

나르시시스트는 타인이 불행 속에서 허우적거릴 때 우월감을 느끼며 약한 자존감을 키운다. 자신의 나약한 자존감으로 행복해질 수 없다면 차라리 남들을 불행하게 만들어 행복감을 얻겠다는 마음이다. 이 현상은 적으로 인식한 사람들뿐 아니라 서플라이나 플라잉 몽키의 불행에도 적용된다. 자신의 허약한 자존감을 채울 수단이 된다면 그게 누구든 상관없다.

예를 들어 나르시시스트 A와 직장 동료 B가 뉴스를 보며 대화를 나누고 있다. 뉴스에서는 부자 동네로 유명한 어떤 지역이 폭우로 침수가 됐고, 지역 주민이 피해를 보고 있다는 내용이 나오고 있었다.

A	아휴, 정말 걱정이네요. 비싼 그 아파트도 침수됐다던데.
B	그러게요, 비가 좀 그치면 좋겠네요. 재산 피해도 만만치 않겠어요.
A	그 지역 사람들 돈도 많은데요, 뭘.
B	그 지역에 반지하 사는 사람들이 탈출을 못 했어요. 물이 들어차서 문이 안 열렸대요.
A	그러니까요. 근데 그 동네가 우리나라에서 가장 비싼 지역이에요. B 과장님까지 그런 걱정 안 해도 돼요.
B	….

나르시시스트 A는 걱정스러운 말투로 이야기를 시작하면서 그동안 부자 동네에 사는 사람을 질투했던 마음을 은근히 드러낸다. 신나서 떠드는 A의 말에 B가 아무 반응이 없으면 A는 자신의 의견에 동조하지 않았다고 화를 낸다. 그럴 때마다 어김없이 등장하는 말이 있다.

"당신은 내 편이 아닌가요?"

타인의 불행으로 행복을 느끼는 사람은 언젠가 자신이 불행에 빠졌을 때 버텨 낼 힘이 없다. 남의 고통을 디딤돌 삼아 올라가는 사람은 결국 디딤돌이 사라지는 순간 바닥으로 추락하기 때문이다.

　우리가 나르시시스트와 거리를 둬야 하는 이유는 단순히 그들이 나를 괴롭히고, 불편한 존재라서가 아니다. 그들과 함께 있다 보면 무엇이 잘못된 건지도 모른 채 타인의 불행을 웃음으로 삼는 나르시시스트가 될 수 있다. 자신의 인생을 나르시시스트 수준으로 끌어내지 않았으면 좋겠다.

3장

아닌 건 아니라고
말할 줄
알아야 해

나르시시스트의 궤변을 받아치는 기술

말로 사람을 흔드는
나르시시스트

—

대화 심리

나르시시스트는 말싸움의 달인이다. 누구와 말싸움해도 이긴다는 자신감을 갖고 있다. 정말 그럴까? 나르시시스트의 말은 '워드 샐러드(word salad)' 같다. 워드 샐러드는 샐러드에 상추, 토마토 등 여러 채소가 버무려진 것처럼 나르시시스트의 말도 여러 단어가 버무려져 정돈되지 않았다는 것을 비유적으로 표현한 말이다. 그만큼 나르시시스트의 말은 이해하기 어렵다. 이 사람이 도대체 무슨 말을 하는지, 무슨 의도로 화제를 돌리는지 알 수가 없다.

또한 나르시시스트는 언어와 사고 능력이 높지 않다. 그래서 자기 마음대로 언어를 해석하고, 혼자 오해하며, 말을 돌리거나 잘 우긴다. 말을 잘해서가 아니라 말에 논리가 없어서 상대를 지치게 만드는 것이 말싸움 달인의 비법이다.

어린아이와 대화한다고 생각하라

어쩌다 나르시시스트와 언쟁하는 중이라면 몸만 큰 미성숙한 어린아이와 대화한다고 생각해야 한다. 한참을 나르시시스트와 말다툼하던 대부분의 사람이 나르시시스트의 유치함을 깨달으면서 현실을 자각한다. 이들의 주장에는 근거가 없고 어린아이가 떼를 쓰듯 우기며 절대 자기 잘못을 인정하지 않는다.

나르시시스트는 잘못을 인정하는 순간 말싸움에서 졌다고 생각한다. 상대가 아무리 타당한 이유와 근거를 들며 나르시시스트의 잘못을 지적해도 자신은 틀리지 않았다고 우긴다. 잘못을 인정하는 순간 자신의 불안정한 정체성과 낮은 자존감을 건드려서 자신의 수치심과 무능감이 올라온다고 생각한다. 그래서 필사적으로 상대에게 책임을 전가한다.

그동안 나르시시스트는 '이렇게 대단한 내가 그런 잘못을 했을 리 없다'는 심리를 바탕으로 대화를 자신에게 유리하게 만드는 방법을 학습했다. 이들의 대화법인 우기기, 협박 등은 불안한 내면을 들키지 않기 위한 일종의 가면술이다. 나르시시스트의 대

무엇을 무시해도 되는지 아는 사람이
가장 현명한 사람이다.

화 심리는 낮은 자존감, 수치심, 열등감, 무기력함 등 심리적 결함들이 복합적으로 작용한 것으로 볼 수 있다. 따라서 가장 공격적이지만 가장 약한 것이 바로 나르시시스트의 말이다.

나르시시스트의 다섯 가지 대화 패턴

이렇게 나르시시스트의 대화 심리를 알았다면 이들의 대화 패턴을 알고, 어떻게 대응해야 할지 고민해야 한다. 이들은 자신이 불리한 상황에서 어떻게 판을 엎고 말을 바꿔야 할지 매우 잘 알고 있기에 휘둘리지 않으려면 정신을 바짝 차려야 한다. 나르시시스트의 대화 패턴을 다섯 가지로 정리했다.

첫 번째, 선제적으로 공격하기다.

"너 왜 이렇게 변했어?"
"도대체 왜 그랬어?"

나르시시스트는 초반부터 상대를 공격하고 가스라이팅을 준비한다. 이런 이야기를 들으면 대부분은 "내가 뭐가 변했는데?" 혹은 "내가 뭘 그러는데?"라며 나르시시스트의 이야기를 들으려고 한다. 그럼 나르시시스트는 가스라이팅 물꼬를 튼다.

이렇게 먼저 공격할 때 상대가 오히려 유치하게 받아치거나 일축해 버리면 나르시시스트는 기존의 대화 패턴에서 벗어나기 때문에 가스라이팅을 할 수 없다. 또 다른 방법은 나르시시스트가 공격을 시작해도 무시하고 바로 본론으로 들어가는 것이다. 중요한 건 나르시시스트에게 대화의 주도권을 주지 않는 것이다.

두 번째, 화제 돌리기다.

나르시시스트는 본인이 유리한 방향으로 이야기를 끌고 가기 위해 주제와 상관없는 이야기로 화제를 돌린다. 예를 들어 A 문제로 대화를 나누다가 난처해지면 B 주제를 끌고 온다. 이때 대화를 나누던 상대가 "A에 대해서 대답해 주세요"라고 단호하게 말하면 나르시시스트는 또다시 화제를 돌리기 위해 C 주제를 끌고 온다.

세 번째, 무작정 우기기다.

A에 대해 말해 달라고 이야기하면 나르시시스트는 A에 대한 답변이 아닌 다른 말을 하면서 우기기 시작한다. 그러다 감정이 격해지면 소리를 지르기도 한다. 분노에 가득 찬 나르시시스트는 자신의 대화 패턴이 상대에게 읽힌 것을 눈치채고 또 다른 방법을 가져온다.

네 번째, 거짓말과 이간질하기다.

화제를 돌리거나 무작정 우겨도 봤지만 상대방이 계속해서 A에 대한 답변을 원한다면 그 상황을 모면하고자 거짓말을 한다. 그래도 상대방을 설득하지 못하면 제삼자를 끌고 와서 "그 사람이 당신에 대해 어떻게 생각하는 줄 아나요?"라고 하며 이간질한다.

다섯 번째, 협박하기다.

모든 전략을 다 사용해도 상대가 끝까지 A에 대한 답을 요구하면 나르시시스트는 겁을 주기 위해 협박한다.

나르시시스트와의 대화에 흔들리지 않고 중심을 잡으려면 A에 대한 답만 요구하면 된다. 나르시시스트와 말로 싸운다고 해서 나르시시스트가 바뀌지는 않는다. 그러나 말싸움을 해야 하는 상황이라면 절대 만만하게 보여서는 안 된다. 우리가 필요한 건 A에 대한 대답뿐이고 나르시시스트는 절대 잘못을 인정하지 않을 것이다.

또한 협박은 나르시시스트가 겁을 먹었다는 또 다른 시그널이므로 동요할 필요는 없다. 나르시시스트가 대화 패턴에 따라 행동하고 있다고 여유롭게 생각하는 것이 좋다. 그걸 알기에 집요하게 물으면 나르시시스트는 당신을 쉽게 보지는 못할 것이다.

25

두려움을 숨기기 위해
상대를 자극하는 그들

—

말에 숨겨진 의미

"제발 날 좀 봐 줘."

누군가에게 잊히는 것이 두려운 나르시시스트는 희생양이 신경을 꺼도 관심받기 위해 상대를 자극하는 잽을 계속 날린다. 권투로 치면 결정적 훅을 날릴 용기는 없으나 자신이 관심받지 못하는 상황은 견딜 수가 없다.

어떻게 잽을 날릴까? 거짓말, 이간질, 맹목적 비난, 시기와 질투라는 잽이 난무한다. 아무리 희생양의 신경을 긁어도 상대가 반응하지 않으면 제삼자를 이용한다. 제삼자의 이름을 거론하면서 희생양에게 제삼자에 대한 부정적인 말을 던진다. 사람의 심리를 가장 크게 움직일 수 있는 공포와 두려움을 조장한다.

결론을 먼저 이야기하면 허구의 상황이거나 나르시시스트의 피해망상일 가능성이 크다. 하지만 이들에게 중요한 것은 팩트가 아니라 판을 뒤흔들어 자신에게 유리하게 새로 판을 짜는 것이다. 전형적인 나르시시스트의 거짓말과 이간질 방식이다.

실체가 없는 말을 파악하기 전에 알아야 할 조건

나르시시스트는 본인의 감정을 자신이 아닌 남의 이름을 빌려 표현한다. 나르시시스트는 자신의 말을 통해 상대방이 불편한 마음을 전가받길 원한다. 나르시시스트는 고립의 불안감이 엄습할 때 그 불안을 전가할 빌미를 만들기 위해 이런 판을 만든다. 말의 실체는 없지만 상대방에게 들키고 싶지 않으니 제삼자를 거론해 자신의 불편한 감정을 상대방에게 던지는 것이다.

나르시시스트의 말에 숨겨진 의도를 파악하기 위해서는 몇 가지 전제조건을 알아야 한다.

첫 번째, 나르시시스트의 이야기는 교차 검증이 필요하다.

나르시시스트의 말은 사실을 알 수가 없다. 그래서 제삼자가 나를 싫어한다거나 나에 대한 욕을 하고 다닌다는 등의 근거 없는 이야기를 나르시시스트에게 들었다면 사실인지 아닌지 확인해야 한다.

두 번째, 나르시시스트는 무언가를 숨길 때 거짓말과 이간질을 한다.

대화하는 도중 나르시시스트가 이간질하며 거짓말을 하는 것 같다면 이 이야기를 믿기보다 '지금 나르시시스트가 무언가를 숨기고 있구나'라고 생각하면 된다. 그들은 약점을 숨기기 위해 제삼자를 끌어들였을 확률이 높다.

그들이 숨기는 의도에 속지 않는 법

이제부터는 전제 조건에 기반해서 나르시시스트의 숨은 의도를 파악해야 한다. 나르시시스트의 이야기 속 숨겨진 의도에는 대체로 나르시시스트가 하고 싶어 하지 않는 일, 불편한 감정, 자신이 회피하고 싶지만 넘길 명분이 없는 것이 해당한다.

이들은 의도를 숨기고 제삼자를 끌어오기 위해 자신의 플라잉 몽키 혹은 서플라이를 이용한다. 이미 나르시시스트의 의도를 파악한 플라잉 몽키와 서플라이가 상대방을 속이기 위해 여러 가지 화제를 던질 것이다. 나르시시스트의 숨은 의도에 속지 않는 방법을 알려 준다.

첫 번째, 전체를 꿰뚫어 본다고 생각한다.

어떤 상황에서도 동요하지 않고, 자신의 의견을 함부로 말하지 않는다. 나르시시스트가 하는 말이 진실인지, 이 맥락에서 왜 저 말을 하는지 생각하며 대화 전체 흐름을 읽어야 한다. 나르시시스트의 미끼를 바로 물지 않고 숨은 의도를 파악해 보는 것이다. 의도 파악이 힘들 때는 나르시시스트가 참을성을 잃고 워드 샐러드를 쏟아 내는 모습을 보며 어떤 것을 속이는지 힌트를 얻을 수 있다.

두 번째, 나르시시스트가 의도하는 방향으로 움직이지 않는다.

나르시시스트가 아무리 제삼자와 당신을 이간질해도 감정적으로 행동하거나 싸워서는 안 된다. 자신을 제외한 두 사람이 싸우는 것이 이들이 의도한 방향이다. 판을 흔들어 엉망으로 만든 후에 자신이 원하는 바를 '밀어 넣기' 하려는 의도다.

세 번째, 역으로 제안한다.

나르시시스트의 조건을 받아 주는 척하지만 실제로는 이미 숨겨진 의도를 넘어서 역으로 제안하는 방식이다. 앞에서 여러 차례 이야기했지만 나르시시스트는 자기가 원하는 방식으로 상황이 흐르지 않으면 그 상황을 견디지 못한다.

이때 오히려 역으로 제안하면 나르시시스트는 혹 떼려다 혹 붙이는 형상이 된다. 나르시시스트가 잽을 날릴 때마다 그 잽의 본질을 파악해서 훅을 크게 날려 버리면 나르시시스트는 자신의 공격을 바로 철회한다. 두 사람의 대화를 살펴보자.

나르시시스트　　그동안 일이 없었으니까 제가 맡은 A 업무까지 맡도록 하세요.

희생양　　지금 제가 하는 일에다가 A 업무까지 해야 전체 업무 분담이 공평하다는 말씀인가요?

나르시시스트　　네, 그동안 업무가 많지 않았잖아요.

희생양　　네. 그럼 공평하게 제 일에다 A 업무까지 맡는 걸로 분장하고, 이제 우리 서로 업무를 바꿔서 하시죠. 나르시시스트 씨가 제 일을 하고, 제가 나르시시스트 씨 업무를 할게요. 공평하게 제가 하던 업무에 A 업무까지 하시면 됩니다.

언제나 중요한 것은 나르시시스트에게 휘둘리지 않는 것이다. 그러려면 어떤 상황에도 당황하지 않고 대응하면 된다. 그동안 우리는 못 하는 것이 아니라 안 했을 뿐이다.

26

대화의 주도권은
반드시 지킬 것

—

중심 잡기

"저만 잘못한 거 아닙니다! 기획팀에 A 대리도 그랬고 총무팀에 B 과장도 그랬어요."

나르시시스트는 자신에게 불리한 상황에서 '혼자 비난받지 않겠다'는 마음으로 연관 없는 사람까지 엮는 물귀신 작전을 펼친다. 나르시시스트는 다른 사람의 이름을 거론하며 화제를 본인에서 타인으로 돌린다. 그리고 맥락과 상관없이 새로 나타난 사람의 이야기로 흐르게 유도한다. 이들은 위기 상황에서 어떤 거짓말과 이슈를 던져 위기를 모면해야 하는지 매우 잘 알고 있다.

혼자 죽지 않겠다는 그들의 의지

예를 들어 나르시시스트가 어떤 잘못을 해서 감사(audit)에 지적받았다. 보통 사람이라면 잘못을 인정하고 보완해 마무리하는 방향으로 일을 해결한다. 하지만 나르시시스트는 그렇게 해결하지 않는다. 자신이 걸린 건 사실이라 바꿀 수 없으니 옆에 있는 다른 사람을 끌고 온다. 자신만 추락하는 상황을 견디지 못하고 옆에 있는 아무나 물귀신처럼 물어와 같이 추락하는 것이다.

자신의 완벽성에 집착하는 나르시시스트에게 누군가의 비난이나 지적은 자신의 정체성을 뒤흔드는 엄청난 일이다. 간신히 유지하고 있는 허상의 자아가 무너지는 것을 참을 수 없기에 이들은 물귀신 작전을 펴서 타인에게 불편한 마음을 투사한다. 이런 상황을 두고 《악성 나르시시스트와 그 희생자들》에서는 "나르시시스트는 갑작스레 반전의 말을 사용하여 자신의 정체성 결함을 이제 인식하기 시작한 사람들의 정신을 파괴한다"라고 말했다.

이들은 상황이 자신에게 유리하지 않으면 즉각적으로 대화의 주도권을 가로채서 전혀 다른 상황을 끌고 들어오는 데 유능하다. 그래서 이들을 대하기 위해서는 대화의 주도권을 나르시시스트에게 주지 않고 방어하는 방법과 나르시시스트가 가진 대화의 주도권을 갖고 오는 방법이 모두 필요하다. 다행히 이 방법은 감정 통제만 잘한다면 어렵지 않다.

공격과 방어로 대화의 중심 지키기

방어하는 방법보다 공격하는 방법을 먼저 이야기하는 이유는 나르시시스트에게는 이 방법을 먼저 쓰는 것이 유리하기 때문이다. 나르시시스트의 이야기는 늘 자신이 얼마나 피해를 봤는지로 시작하여 남 탓부터 과거의 이야기까지 끌고 온다. 대화의 주도권을 뺏는 것이 시급하다.

첫 번째, 대화의 맥을 끊는다.

"말을 끊어서 죄송하지만 지금 주제는 A입니다. 제가 회의 일정이 있어서 A에 대해서만 말하는 것이 좋을 것 같습니다. 그래서 A에 대해서 나르시시스트 씨가 그렇게 행동한 게 맞습니까?"

그럼 나르시시스트는 자기 말을 더 들어 달라고 할 것이다. 그럼 예의를 갖춰 다시 묻는다.

"아니요. 죄송합니다. 그래서 A에 대해 나르시시스트 씨가 그렇게 행동하신 게 맞으십니까?"

두 번째, 나르시시스트가 사용하는 수법을 정확하게 명시한다.

"가스라이팅 하시나요? 하지 마세요."

"지금 저한테 협박하시는 건가요? 유감이네요."

세 번째, 나르시시스트가 화제를 돌릴 때 주도권을 잡는다.

"다른 이야기 하지 마세요. 지금의 주제는 A입니다."

이렇게 대화의 주도권을 가져오면 나르시시스트가 다시 빼앗으려고 할 것이다. 이때 주도권을 지켜 내지 못하면 세 가지 공격법이 의미가 없다. 방어하는 방법 역시 굳은 마음만 있다면 아주 간단하다. 단 한 가지만 생각하면 된다.

"아니요. 지금 주제는 A입니다. A에 대해서 나르시시스트 님이 그렇게 행동하신 게 맞는지 말씀하셔야지요."

대화의 주도권을 지켜 내기 위해서는 나르시시스트의 이야기에 절대 공감하거나 경청하지 않는다. 예의는 바르지만 건조한 태도로 일관해야 어떤 상황에서도 대화의 주도권을 지켜 낼 수 있다. 또한 나르시시스트가 물귀신 작전을 펼치려고 할 때는 바로 말을 돌리지 못하게 막아 서서 집요하게 묻는다.

"아니요. 다른 분 이야기하지 마시고요. 그래서 그걸 선택하셨다는 건가요?"

대화의 중심을 바로잡지 못하면 나르시시스트는 자신이 불리할 때마다 이 사람 저 사람 이름을 거론하며 위기를 모면하려고 할 것이다. 우리는 나르시시스트의 전형적인 표현을 자세하게 알고 있어야 이들에게 당하지 않는다. 또한 나르시시스트가 얼마나 미성숙한 존재인지 알면 두렵기보다 가볍게 웃어넘기는 여유까지 탑재할 수 있게 된다.

거짓말이 기본인 사람을
어떻게 상대할까?

—

팩트 체크

나르시시스트에게 거짓말은 일상이다. 시도 때도 없이 자신의 피해망상을 사실인 것처럼 이야기한다. 도대체 왜 이렇게까지 거짓말을 하는지 이해할 수 없는 부분에서조차 거짓말한다. 처음에는 이들의 거짓말에 놀라지만 나르시시스트에게 거짓말이 또 하나의 능통한 언어라는 것을 알면 이들의 거짓말에 매우 놀랄 이유가 없다. 이들의 말은 반이 거짓말이고 나머지는 횡설수설한 워드 샐러드다.

그럼 나르시시스트가 거짓말을 들키면 어떻게 반응할까? 다시 거짓말한다. 지금의 위기만 모면하면 된다는 생각이다. 이들에게 거짓말은 양심에 찔리는 일이 전혀 아니다.

제2의 천성, 거짓말

계속해서 상대방이 사실을 확인하려고 물고 늘어지면 나르시시스트는 "너 지금 나를 의심하는 거야? 나를 왜 이렇게 괴롭혀?"라며 피해자 코스프레를 한다. 나르시시스트 전문가 라마니 더바술러 박사는 나르시시스트에게 거짓말은 제2의 천성이라고 말했다. 이들의 과대화된 자아는 스스로가 만든 허구의 캐릭터이기 때문에 이 캐릭터를 유지하기 위한 말 자체가 거짓인 셈이다.

나르시시스트의 거짓말에 대처하는 방법을 이야기하자면 앞에서 설명한 것처럼 대화의 주도권을 주지 말라는 방법과 맥락을 같이한다. 이들은 위기의 순간에도 자극적인 거짓말을 던져 대화의 흐름을 전환하기 때문에 공격과 방어를 통해 대화의 주도권을 넘기지 않는 방법이 최선이다.

또한 나르시시스트는 상대방이 자신의 수치심을 자극했다고 생각하면 어김없이 거짓말을 해서 상대방을 자극하고 그 과정에서 분노할 이유를 만든다. 예를 들어 나르시시스트에게 여러 번 메일을 보내서 행사 일정을 알려도 이들은 받지 않았다고 말한다. 자신이 제대로 확인하지 않는 상황을 모면하기 위해 한 번도 메일을 받은 적이 없다면서 오히려 자신을 왜 배제했냐며 피해자 코스프레를 한다.

거짓말을 사실로 만들지 않기 위해서

그럼 나르시시스트의 거짓말을 막을 수 없을까? 없다. 숨 쉬듯 거짓말하는 나르시시스트의 숨을 막지 않는 한 방법은 없다. 다만 일로 엮인 관계라면 거짓말로 일이 방해받는 것을 줄일 수는 있다.

나르시시스트와 함께 일해야 한다면 관계된 것들을 모두 기록에 남긴다. 다른 이들에게는 말로 끝날 일도 나르시시스트에게는 메일로 보내 기록을 남기고, 이미 회의에서 결론이 난 사안도 다시 정리해서 메일로 남긴다. 또한 녹음하는 방법도 있다. 물론 나르시시스트는 녹음한 것으로 거짓말의 사실관계를 확인하면 이렇게 따질 것이다.

"이걸 왜 녹음하신 거죠? 언제부터 녹음하면서 저를 괴롭힌 건가요?"

자신이 거짓말했다는 사실은 생각하지 못하고 녹음한 피해자를 비난한다. 나르시시스트가 피해자 행세를 할 때 많은 사람이 당황한다. 피해자들은 자신의 녹음 행위가 나르시시스트를 공격한 것 같아 죄책감에 시달린다. 이것을 눈치 챈 나르시시스트는 녹음한 행위에 대해 꼬투리를 잡아 공격할 것이다. 그럴 때는 오히려 "목소리 녹음 파일 말고 동영상 파일도 갖고 있어요"라고 더 강경한 태도를 유지하며 나르시시스트가 본질을 흐리지 못하게 하는 것이 중요하다.

이들과 함께 일하기 위해서는 보통 사람의 몇 배의 에너지가 소모된다. 사사건건 팩트 체크를 하며 일할 수는 없다. 그러므로 일을 할 때 메일, 메신저, 음성 녹음 등 기록에 남기는 것을 습관화하는 것이 중요하다. 나르시시스트에게 모든 것이 기록으로 남겨지고 있다는 시그널을 주는 것만으로 큰 효과가 있다. 결국 훗날 자신을 지켜 줄 것은 증거들밖에 없다. 어차피 이들은 변호사, 판사 앞에서도 거짓말을 밥 먹듯이 하기에 증거 수집만이 우리에게 보험이다.

28

왜 너는 되고
나는 안 되는데?

—

투사

'내가 하면 로맨스, 남이 하면 불륜.'

나르시시스트가 바로 그렇다. 자기 객관화가 전혀 되지 않아 자신의 결점은 보지 못하고 타인의 결점만 찾는 데 바쁘다. 앞서 나르시시스트가 자신의 불안, 분노 등을 타인에게 투사하는 예시를 봤다. 나르시시스트는 자유자재로 자신의 결점은 타인에게 전가해 자신은 결점이 없다고 믿는다. 그래서 나르시시스트가 '내로남불'의 전형적인 인물이다.

갑질하는 상사가 갑질하지 말라며 교육하는 이유

나르시시스트는 어떻게 투사를 자유자재로 할 수 있게 됐을까? 나르시시스트는 자신의 결점을 보지 못하는 대신 타인의 결점은 확대하여 해석한다. 나르시시스트는 자신이 용납할 수 없는 갈등이 생기면 이런 감정이 마음속 수치심을 자극한다고 여겨 아예 자극할 수 없도록 자신의 감정을 타인의 감정인 양 떠넘기는 것이다. 《악성 나르시시스트와 그 희생자들》에서 나르시시스트의 투사 통일시가 이렇게 표현돼 있다.

"나르시시스트가 자신의 바람직하지 않은 충동을 다른 사람에게 전가함으로써 상대방을 비난하고 자신은 그 감정에서 해방된다고 생각하는 일종의 환상이다."

가령 어떤 기업의 A 상무가 있다. 조직 내에서 유명한 나르시시스트인 A 상무는 갑질하는 인물이었다. 그는 결재판으로 직원들의 머리를 내려치기도 하고, 언어폭력도 서슴지 않았다. 이런 그가 늘 팀원들에게 '갑질하지 마라! 겸손해라!'라고 말했다. 심지어 회사에 칠판까지 두고 팀원들에게 반복적으로 갑질 금지 교육을 했다. 정작 그 교육을 받아야 할 사람은 나르시시스트 본인이지만 그는 정말로 모르는 듯하다.

또한 자신과 업무상 마찰이 있다면 자신의 궤변을 정당화하

우리가 보고 배우는 것이
과연 모두 정답일까?

기 위해 사람들을 모아 놓고 정신 교육이라는 명목으로 상대를 비난했다. 팀원들은 몇 시간이고 그의 이야기를 듣고 수긍하는 척했다. 자신의 말에 고개를 끄덕이면 그제야 안정감을 느끼는 듯 만족해했다.

겉만 번지르르하고 속은 텅 빈 나르시시스트

A 상무는 자신의 갑질 행동을 마음에 담아 두고 있을 수가 없어서 다른 사람들을 향해 궤변을 늘어놓으며 투사를 했다. 나르시시스트는 갑질하지 말라며 동료들에게 교육하는 자기 모습을 보며 스스로 선한 사람이라고 굳게 믿고 있었다. 이런 투사 과정을 통해 나르시시스트는 자신의 불편한 감정에서 벗어나 마음이 홀가분해진다.

나르시시스트는 자기 행동을 돌아볼 자기반성 능력이 없기에 자신을 객관적으로 인지하려는 시도를 하지 않는다. 자신은 늘 완벽한 사람이라고 생각한다. 물론 무의식으로는 어느 정도 자신의 부족함을 인지할 수 있다. 그러나 나르시시스트가 이를 의식의 수준까지 올라오지 못하도록 필사적으로 막고 있기 때문에 자신의 가면을 진짜로 믿어 버린다. 그래서 "네가 나르시시스트다"라고 증거를 대면 격노하며 공격한다. 이들은 실제 자신의 모

습을 보지 못한다. 그래서 정신과 의사들 역시 "당신이 나르시시
스트입니다"라고 말해 주지 않는다.

처음 보는 사람에게는 나르시시스트의 이런 모습이 인지 부조
화가 올 정도로 놀라운 일이다. 다행히도 나르시시스트의 구조
화된 인격을 파악하면 이들의 다음 행동을 예측할 수 있다. 나르
시시스트는 자신이 대단히 능력 있고 굉장한 사람인 양 떠들지
만 사실은 겉만 멋진 빈 깡통과 다름없다. 흔들기 전까지는 깡통
안이 비어 있는 줄 모를 뿐이다.

29

모르는 척 넘어가지 않아야
내 마음을 지킬 수 있다

맥락 끊기

나르시시스트가 왜 투사의 달인이 됐는지를 알아봤다. 자기반성이 없고, 객관적으로 바라보지 못하는 나르시시스트는 자신의 불편한 감정을 타인에게 투사해 분노한다. 나르시시스트의 분노는 너무도 폭발적이라 이들의 분노를 잠재우기 위해 논리적으로 설명하는 방법은 의미가 없다.

추운 겨울, 창문을 열면 찬바람이 들어와 정신이 확 깨는 경험을 한번쯤은 해 봤을 것이다. 창문을 열어 환기하듯이 나르시시스트와의 대화도 맥을 끊어서 환기할 필요가 있다. 이 방법은 나르시시스트가 자신의 불편한 마음을 거짓말 혹은 핑계 대며 남

탓으로 표현하려는 투사를 막아 세우는 데 효과적이다. 감정 파괴범으로부터 내 감정을 지키는 방법이기도 하다.

맥락을 끊는 네 가지 방법

대화의 흐름을 끊기 위해서는 견고한 과정이 필요하다.

첫 번째, 나르시시스트의 이름을 부른다.

나르시시스트가 이미 자기 이야기에 취해 격노를 퍼붓고 있다면 그대로 방치해서는 안 된다. 목소리는 크고 분명하게, 그리고 단호하면서도 감정은 싣지 않은 채로 나르시시스트의 이름을 부른다. "홍,길,동 씨!"처럼 하나씩 음절을 끊어서 분명히 말하는 것이다. 이 방법은 나르시시스트의 행동을 도저히 참을 수 없는 심각한 상황에서 효과적이다. 어떤 말로도 나르시시스트를 막을 수 없다면 큰 목소리로 나르시시스트의 이름을 짚어 주면서 말의 맥락을 끊어야 한다.

두 번째, 아니라고 말한다.

당황한 나르시시스트는 횡설수설하며 엉뚱한 말을 하며 대화의 흐름에서 벗어나려고 할 것이다. 이때도 망설이지 말고 이렇게 말한다.

"아니요. 화제 돌리지 마시고요."

"아니요. 그 의미가 아닌데요."

"아니요. 그건 지금 문제와 상관없는 이야기입니다."

계속해서 "아니요"라고 말하며 처음 질문으로 돌아와야 대화의 맥을 끊을 수 있다.

세 번째, 맥락을 짚어 준다.

나르시시스트는 자신의 분노를 표출할 출구를 찾지 못해 안달 나게 된다. 그때 대화의 주도권을 잡고 문제의 키워드를 간단히 언급한다. 즉 나르시시스트의 행동이 직장 내 괴롭힘이나 갑질에 해당할 수 있다는 분명한 시그널을 준다. 나르시시스트의 폭풍 같은 감정과 별개로 할 말이 끝났다면 대화를 종결한다.

네 번째, 대화 종결 후엔 철저하게 감정을 통제한다.

나르시시스트는 화풀이에 실패해 폭발 직전의 상태가 된다. 하지만 우리는 감정적으로 흐트러짐 없는 차분하고 온화한 태도를 유지해야 한다. 물론 심장이 미친 듯이 뛰고 두려워도 침착하게 감정을 통제하는 것이 중요하다. 아무런 일도 없었던 것처럼, 아무렇지도 않은 것처럼 웃으면서 업무 전화를 하거나 가볍게 스몰 톡을 하는 모습을 나르시시스트에게 보여 준다.

연습을 통해 부정적 감정에서 벗어나기

나르시시스트에게 대응하는 일은 감정적으로 힘든 일이다. 아무리 차분함을 유지하려고 해도 실전에서 나르시시스트의 격노를 보면 두려움과 분노가 앞선다. 그래서 생각과는 달리 부정적 감정에 쉽게 매몰된다. 이때 자신의 감정을 통제하는 방법이다.

첫 번째, 자신의 마음에 대한 이해가 선행돼야 한다.

이 방법은 나르시시스트가 아니라도 삶을 살면서 감정 통제를 하는 데 핵심적인 역할을 한다. 자신의 떠오르는 감정을 제삼자적 관점에서 관찰한다. 어떤 부분에서 화가 나는지, 흥분하는지, 왜 이런 마음이 들었는지에 대해서 이해하는 연습을 하면 더욱 쉽게 감정이 통제된다.

두 번째, 반추하지 않는다.

심리학 용어인 반추(rumination)는 과거를 자꾸 돌아보며 '그때 어떻게 행동해야 했는지'를 곱씹는 것을 말한다. 나르시시스트를 만난 건 우리가 뭘 잘못해서가 아님에도 피해자들은 자신이 무엇을, 어떻게 해야 했는지를 끊임없이 돌아본다. 결론적으로 자신에게 전혀 도움이 되지 않는다. 오히려 시각화 연습을 통해 부정적 감정에서 벗어나는 것이 현명하다.

세 번째, 시각화 연습을 한다.

상황을 역할극 하듯이 나르시시스트에게 대응하는 자신의 모습을 연기하고 시각화해 본다.

"아니요. 말 돌리지 마시고요. 아니요. 아니요."

단호한 목소리로 말해 본다. 이렇게 연습하다 보면 눈에 띄게 연기력이 상승한 자신의 모습을 볼 수 있다. 그리고 나르시시스트를 대하는 자세도 달라졌음을 느낄 것이다. 자신감이 상승할수록 자신을 억누르고 있던 부정적 감정이 해소되는 카타르시스도 경험하게 된다. 시각화 방법에 대한 자세한 설명은 뒤에서 이야기한다.

이렇게 나르시시스트의 투사를 막아 낸다고 해도 이들의 괴롭힘이 끝나는 것은 아니다. 다만 자신이 계속해서 이런 행동을 했다가는 난처해질 수 있다는 것을 분명히 인지하게 된다. 그래서 나르시시스트가 하는 행동을 모르는 척 넘어가면 안 된다.

30

나는 너 없이도
빛나는 존재야

—

이상화

"내가 널 만난 것은 운명이야!"
"너는 정말 예뻐. 연예인해도 될 것같이 예뻐."

나르시시스트는 자신의 인생을 구제해 줄 혹은 자신을 더욱 돋보이게 하는 사람을 '이상화'한다. 있는 그대로 사랑하는 것이 아니라 자신을 더욱 빛나게 해 주는 방향으로 드라마틱하게 재구성한다. 이들의 이상화는 너무나 극단적이고 극적이라 그 대상마저도 당황한다. 이들은 이상화를 이용해서 자신의 과대화된 자기애를 충족하기 때문에 이들에게 팩트는 중요하지 않다.

너는 나 아니면 아무것도 아니라니까?

나르시시스트는 열렬히 이상화했던 상대가 자신에게 사소한 지적을 하거나 통제권에서 벗어나려고 하면 바로 깎아내리기 시작한다. 자존감이 낮은 나르시시스트에게 타인의 비난은 자신의 무능함을 자극하기 때문에 이를 수용하지 못한다.

그래서 이들은 상대를 버릴지 말지 고민한다. 상대방이 쓸모없다고 느껴지면 한때 자신이 이상화한 대상이었다는 사실과는 상관없이 상대를 버린다. 하지만 상대가 자신에게 이용할 가치가 있다면, 즉 나르시시스트 자신을 돋보이게 할 역량을 갖고 있거나 나르시시스트가 상대를 통해 안정감 이상의 감정을 느낀다면 이들은 깎아내리기를 하면서도 버리지는 않는다.

정리하면 나르시시스트에게 상대가 이용 가치가 있든 없든 상대방이 자신의 수치심을 자극하거나 자신을 비난했다고 생각하면 어김없이 깎아내리기를 하면서 흠집 내는 데 집중한다. 하지만 이용 가치가 있으면 버리지 않고 상대방 주변을 돌면서 스토커처럼 행동한다.

예를 들어 A 과장이 동료 B의 집안이나 재력을 이상화의 대상으로 삼았다. B의 마음에 들기 위해 자신의 본색을 숨기고 추앙하며 이상화 행동을 했다. 하지만 B가 자신의 통제권 안에 들었다고 판단이 들자 돌변했다. 모두가 화기애애하게 간식을 먹던 자리에서 A 과장은 돌연 B가 자신을 무시했다며 화를 냈다. 사람들은 이게 무슨 상황인가 싶어 당황하던 그때 A 과장이 이렇게 여러 번 소리를 지른다.

"B! 당신은 나(나르시시스트) 아니면 아무것도 아니야!"

무척 당황스러운 상황이지만 A 과장이 이렇게 행동하는 이유는 단순하다. 대화의 중심이 A 과장이 아닌 제삼자인 C에게로 향해 있었고, A 과장이 이상화한 B가 C를 칭찬하고 있었기 때문이다. 나르시시스트인 A 과장은 자신이 대화에서 주목받지 못한다는 사실에 크게 분노하고 C에 대한 깊은 질투심을 느꼈다.

A 과장은 B를 자신의 통제권 안에 든 사람이라고 생각했다. 그런데 B가 자신이 아닌 C에게 집중하니 자신의 통제를 따르지 않은 B에게 화를 낸 것이다. 즉 A는 자신이 정한 서열 아래에 B를 두고 자신만이 B의 존재 가치를 인정할 수 있다고 생각했다.

"너는 나 없이는 못 살아."
"내가 없으면 너는 아무 존재도 아니야."

이런 표현은 나르시시스트가 자신보다 서열 아래에 있는 사람을 대할 때 자주 등장한다. 이들의 깊은 무의식 속에는 자신의 존재를 과대평가하고, 자신이 없으면 상대는 아무것도 아닌 존재로 취급하는 마음이 있다. 평상시에는 수면 위로 나타나지 않다가 자신이 조명받지 못한 상황을 마주하면 이 생각이 의식의 영역으로 튀어 오른다.

이때 나르시시스트에게 이렇게 말하면 된다.

"제가 왜 아무것도 아니죠? 가스라이팅하지 마세요."

나르시시스트를 달래 주기 시작하면 이들은 엉뚱한 이유를 들며 자신의 분노를 합리화한다. 그러니 냉담하면서도 확실한 어조로 말해야 한다.

실제로 이런 상황을 맞닥뜨리면 당황스럽긴 하겠지만 한편으로는 다행이라고 생각한다. 이 일로 나르시시스트의 정체를 알게 되고 선을 그어야 할 기회를 얻기 때문이다. 나르시시스트라는 것도 모른 채 끌려다니는 것보다 낫다고 생각하면 된다. 그의 정체를 알았다면 이제 방법은 하나, '그들로부터 거리 두는 방법'에 온 힘을 쏟아야 한다. 나르시시스트가 당신을 버렸다고 해도 슬퍼할 필요가 없다. 오히려 이들이 스토커처럼 당신을 따라다니지 않아서 다행이라며 감사해야 한다.

31

나는 하나도
안 웃긴데?

조롱

타인을 악의적으로 비하할 목적으로 다는 악성 댓글이 사회적 문제다. 악성 댓글을 다는 사람들의 심리와 나르시시스트의 심리는 유사하다. 낮은 자존감, 시기와 질투심 등이 어우러져 자신의 부정적인 생각을 타인에게 표출하고, 이를 통해 쾌락을 느낀다. 나르시시스트가 즐겨 사용하는 조롱도 같은 맥락이다.

그런 척하며 상대를 헐뜯는 이유

친절한 척, 챙겨 주는 척하면서 여럿이 모인 자리에 희생양을 부른다. 근황을 묻는 척 자연스레 희생양을 화제로 올린다. 웃으면서 희생양이 가장 아파할 과거의 상처를 끄집어 온다.

"그때 정말 재밌었는데, ○○ 씨 그때 정말 즐겁지 않았어요?"

그리고 여러 사람이 모두 희생양의 대답만을 기다리도록 유도한다. 나르시시스트는 이미 과거의 그 일이 희생양에게 고통이었고 그 일로 희생양이 꽤 어려움을 겪은 것을 안다. 그래서 많은 사람 앞에서 희생양이 당황하는 모습을 관찰하며 즐거워한다. 한 연구에서 혼잣말할 때보다 자신이 하는 말을 남들이 들을 수 있을 때 쾌락 반응이 더 크다고 한다. 이것이 나르시시스트가 많은 사람 앞에서 희생양을 조롱하는 이유다.

전문가들은 나르시시스트가 자신의 허약한 자존감이 무너져 내리는 것을 필사적으로 막기 위해 오히려 완벽함에 집착한다고 한다. 그래서 나르시시스트는 자신의 완벽함을 유지하기 위해 타인의 사소한 점까지 흉보고 조롱하면서 본인의 우월함을 느낀다. 즉 타인을 깎아내려야만 자신의 존재감에 안정감을 얻는 것이다.

또한 이들은 끊임없이 남들과 자신을 비교한다. 그냥 잘하는 일이 아니라 누군가보다 잘하는 일에 집중한다. 그래서 자신이 부족하다고 생각하면 상대를 깎아내리고 조롱하는 방식으로 우월감을 느낀다. 따라서 이들에게 조롱은 과대화된 자아를 유지할 또 다른 에너지원이다.

기분 나빠도 웃으면서 넘어가야 할까?

나르시시스트는 자신이 던진 조롱으로 주변 플라잉 몽키가 웃고, 희생양이 쩔쩔매는 상황을 보며 엄청난 쾌락을 느낀다. 특히 이들은 조롱을 통해 상대방의 반응을 관찰하며 상대방이 감정적으로 대응하면 오히려 감정적이지 않은 자신이 우월하다고 느낀다. 이런 맥락에서 나르시시스트의 조롱에 대응할 때 감정을 보이지 않는 것이 중요하다. 나르시시스트의 희생양은 어떻게 위기를 모면해야 할까? 여럿이 모인 자리에서 정색해야 할까? 아니면 그냥 웃고 넘어가야 할까?

그냥 웃고 넘어가기는 답이 되지 않는다. 그렇다고 그 자리에서 싸우라는 건 아니다. 자신의 감정을 보이는 순간 무조건 지는 싸움이 된다. 일단 웃고 넘어가면 안 되는 이유는 나르시시스트가 조롱을 한 번만 하지 않기 때문이다. 웃으면서 넘어가면 다음에 또 같은 소재를 끌어와 같은 방식으로 조롱한다. 화내지 않고 나르시시스트의 조롱을 받아치는 방법은 앞에서 말한 맥 끊기 방법과 유사하다.

첫 번째, 역으로 질문한다.

나르시시스트가 조롱하려는 대상이 자신이라는 확신이 들고 이들이 멈출 기미를 보이지 않는다면 이렇게 말한다. 여유 있는 표정으로 웃으며 질문하는 것이 포인트다.

"지금 저 조롱하시는 건가요? 저한테 관심이 많으시네요."

"제 이야기 말고 ○○ 씨(나르시시스트) 이야기 좀 듣고 싶은데요?"

두 번째, 한 명을 딱 짚어서 불쾌감을 표현한다.

나르시시스트가 플라잉 몽키까지 끌어들여 조롱하고 웃고 있다면 한 명을 적시한다. 그리고 불쾌감을 표현한다고 해서 감정을 지나치게 드러내서는 안 된다. 이때도 표정은 온화하되 말투는 단호해야 한다.

"이게 웃겨요? 저는 불쾌한데. ○○ 씨(나르시시스트)는 웃긴가요?"

"이게 웃기세요? 진짜 웃겨서 웃는 거예요?"

세 번째, 대화 주제를 전환한다.

위의 방법대로 하다 보면 대화는 자연스레 전환된다. 그때 나르시시스트의 가스라이팅이 시작될 것이다.

"왜? 그때 무슨 일이 있어서 그래요?"
"왜 이렇게 예민하게 받아들여요? 웃자고 한 말인데."

그럼 이렇게 대답한다.

"이게 웃자고 하신 말씀이구나. 어쩌죠? 저는 하나도 안 웃긴
데. (웃음)"

조롱하는 것은 인종 차별과 마찬가지로 미성숙한 태도다. 인
종 차별을 겪을 때 "너의 행동이 인종 차별이다"라고 적시하는
것처럼 조롱도 적시하는 것이 중요하다. 다만 이때는 상대가 이
런 미개한 행동을 해도 흔들리지 않는다는 마음의 여유를 가져
야 한다. 이들이 원하는 것은 상대가 자신의 열등감을 드러내는
반응이므로 휘둘리지 않고 평온함을 유지하는 것이 중요하다.
아무리 상대가 진흙탕 싸움을 하길 원해도 여유를 갖는 것이 싸
움의 기술이다.

32

조력자가 있다면
그들은 혼자가 아니다

—

플라잉 몽키 1

심리학자 스탠리 밀그램이 실시한 심리학 실험이 있다. 인간의 복종에 관한 실험으로, 피실험자 일부를 선생님 역할로 두고 퀴즈를 맞히지 못한 학생에게 전기 충격을 주는 실험이었다. 전기 충격은 강도를 조절할 수 있고, 최고 강도의 전기 충격은 인간에게 치명적인 영향을 줄 수도 있다. 물론 학생 역할은 한 사람들은 모두 배우였으며, 전기 충격 장치도 모두 가짜였다.

처음에 선생님 역할을 맡은 피실험자들은 이 실험의 목적이 무엇이냐며 불편해했다. 사람들이 주저하는 모습을 보이면 밀그램은 계속하라고 지시하거나 실험을 중단했는데, 이 지시가 특별한 협박도 아닌 단순히 "계속하라", "전기 충격으로는 학생들의 신체에 손상을 주지 않는다", "책임은 모두 연구원이 지겠다"라는 말이었다. 그러자 사람들은 밀그램의 지시를 따랐고 나중에는 피실험자의 65퍼센트가 최고 강도의 전기 충격을 학생들에게 가했다.

피실험자들은 자신에게 책임이 없다는 사실을 확인하자 타인에게 고통을 주는 명령에 복종했다. 자신이 상대방에게 고통을 주고 있다는 사실을 알면서도 복종이라는 행동을 통해서 자신의 책임을 던다고 느끼는 '대리인 상태(agentic state)'에 빠진 것이다.

이 실험과 유사한 사례가 현실에도 있다. 아돌프 아이히만은 제2차 세계 대전 당시 히틀러의 명령에 따라 수많은 유대인을 죽였다. 훗날 법정에서 자신은 명령에 따랐을 뿐 책임이 없다며 무죄라고 외쳤다. 앞서 1장 첫 시작에서 히틀러를 나르시시스트라고 말했는데, 아이히만은 나르시시스트의 조력자인 플라잉 몽키에 해당한다. 이를 통해 대리인 상태에 빠진 플라잉 몽키가 얼마나 위험한지 알아보자.

플라잉 몽키는 어떤 존재인가?

플라잉 몽키는 나르시시스트가 희생양을 정서적으로 괴롭힐 때 옆에서 나르시시스트를 돕거나 같이 괴롭히는 사람이다. 그러면서도 사람들 앞에서는 본인은 이성적인 척, 논리적인 척하며 희생양과 나르시시스트 사이에서 이간질한다. 플라잉 몽키는 나르시시스트 옆에서는 희생양을 맹렬히 공격하면서도 희생양에게는 나르시시스트 같은 비열한 공격자는 아니라고, 안심해도 좋다고 피해자를 위로한다.

나르시시스트는 분노를 통해 자신의 존재를 드러내기에 우리가 인식하기가 비교적 수월하지만 플라잉 몽키는 희생양과 나르시시스트 사이를 교묘하게 왔다 갔다 하기 때문에 쉽게 알기가 어렵다. 그러나 플라잉 몽키 역시 행동의 패턴이 있다.

플라잉 몽키는 희생양을 괴롭히는 방식으로 나르시시스트의 수동적 공격에 동참한다. 희생양이 플라잉 몽키에게 어떤 말을 하면 일부러 못 들은 척한다. 희생양이 몇 번을 다시 물어봐야 "예?" 하면서 반문한다. 모든 대화가 이런 식으로 이뤄진다. 또한 대답이 필요한 질문에는 난데없이 기침을 한다. 의도적으로 대답을 회피하는 방법이다.

플라잉 몽키가 희생양을 공격하는 이유는 나르시시스트의 분노도 한몫한다. 실제로 플라이 몽키가 희생양의 질문에 대답하거나 사소한 이야기라도 나누면 나르시시스트는 크게 분노한다. 나르시시스트는 고립의 불안감이 너무 커서 희생양을 고립시켜야 안정감을 얻는다. 그래서 자신의 조력자인 플라잉 몽키가 희생양과 대화를 나누는 모습을 지켜보지 못한다.

플라잉 몽키는 나르시시스트를 어떻게 느낄까?

나르시시스트에 대한 플라잉 몽키의 감정은 오묘하다. 충성심 가득한 플라잉 몽키도 있는 반면 속으로는 나르시시스트를 경멸하지만 겉으로 내색하지 않는 플라잉 몽키도 있다.

후자의 경우 자신이 처세술 고수라고 생각하는 부류다. 이들은 자신이 나르시시스트를 심리적으로 조종할 수 있다고 믿는다. 그래서 나르시시스트를 자신의 말을 잘 듣는 사람으로 만들기 위해 나르시시스트 옆에서 감정 쓰레기통 역할을 자처하며 이들을 달래 준다. 그런데 나르시시스트가 감정을 통제하지 못하고 자신들에게도 화를 내면 마음속 깊은 곳에 있던 경멸과 멸시가 올라온다. 동시에 나르시시스트의 분노가 언제 다시 발현할지 모른다는 두려움도 느낀다. 이들은 나르시시스트의 심기를 건드릴까 봐 노심초사하며 나르시시스트를 돕는다.

이 이상하고 오묘한 두 사람의 관계에 휘말리지 않으려면 앞서 이야기한 나르시시스트와 거리 두는 방법을 플라잉 몽키에게도 그대로 실행하면 된다. 플라잉 몽키도 나르시시스트와 다르지 않다. 이들은 강한 사람에게는 약하고 약한 사람에게만 강하다. 그래서 수동적 공격을 할 때마다 행동의 문제점을 정확히 짚어주면 당황한다.

또한 이들은 나르시시스트보다 겁이 더 많아서 무리를 지어 괴롭히는 것은 즐거워하지만 단독으로 괴롭히는 데는 심리적 부담을 느낀다. 그래서 플라잉 몽키가 혼자 있을 때 이들의 행동을 수면 위로 올리면 효과적이다.

33

아닌 건 아니라고
분명히 선을 긋는다

플라잉 몽키 2

플라잉 몽키는 '선비질'에 일가견이 있다. 선비질은 고리타분하고 고지식한 태도로 상대방을 훈계하고 가르치려 드는 것을 의미한다. 자신이 우위에 서 있다고 생각하는 플라잉 몽키에게 많이 나타난다. 이들은 나르시시스트의 폭력적인 행동을 정당화하기 위해 훈계하는 듯한 화법을 구사한다.

"A(희생양) 씨가 잘못했죠. A 씨가 자꾸 그런 식으로 행동하니까 B(나르시시스트) 씨가 그럴 수밖에 없지. 내가 B 씨였어도 그렇게 했어요.

이들은 희생양이 원인 제공을 했고 나르시시스트가 정의 구현 차원에서 폭력적인 행동을 할 수밖에 없었다는 결론을 내린다. 이것이 플라잉 몽키의 전형적인 선비질의 모습이자 '양비론'을 주장하는 모습이다.

나르시시스트도 잘못인데 너도 잘한 건 없어

플라잉 몽키는 양비론을 들고나와 프레임을 전환하는 데 능숙하다. 양비론은 서로 충돌하는 두 의견이 모두 틀렸다고 말하는 것이다. 양비론을 잘 모르는 사람들은 플라잉 몽키가 그럴듯한 이유를 붙여서 설명하기 때문에 합리적인 이유가 있는 것처럼 들린다. 논리적인 척하며 대화의 프레임을 전환해 버린다. 이게 바로 양비론의 함정이다.

물론 둘 다 잘못한 경우도 있다. 하지만 어떤 사건에서는 가해자와 피해자가 명확하게 나뉜다. 그래서 양비론의 함정에 빠지지 말아야 한다. 특히 나르시시스트와의 갈등은 이유가 없는 경우가 많고, 이유가 있다고 해도 결국 나르시시스트의 내적 결함으로 비롯된 경우가 허다하다.

나르시시스트는 언어적 폭력에서 멈추지 않고 신체적 폭력까지 사용하는 경우가 많다. 예를 들어 나르시시스트 A가 술에 취해 난동을 피우고 있다. A는 자신이 얼마나 무서운 사람인지 아느냐며 B를 향해 술잔을 집어던진다. 이렇게 가해자와 피해자가 명확한 상황에서도 플라잉 몽키들은 양비론을 들어 말한다.

"A가 원래 그런 사람이 아닌데 술 마시고 잠시 정신이 나간 거야. 우리가 이해해 줘야 해. B가 그렇게 힘들게 했으니, A가 그동안 참았던 게 폭발한 거지."

"B는 알아서 술잔을 피해야지. 그걸 그대로 맞고 있으면 어떡해? B도 참 융통성이 없네. 그러니까 A한테 미움받지."

"B가 A한테만 미움받는 게 아니야. B를 싫어하는 사람이 더 있어. 그 사람들도 다 벼르고 있던데?"

누가 봐도 궤변이지만 이 말에 꽤 많은 사람이 동요하고 속는다. 플라잉 몽키는 자신의 양비론이 효과가 있으니까 계속 양비론을 들고나와 궤변의 확성기를 틀어 놓는다.

플라잉 몽키의 양비론은 나르시시스트의 폭력 행위를 수면 아래로 잠기게 하고 이 사건의 원인을 피해자 탓으로 돌리며 상황을 전환한다. 자기 말에 사람들이 동요하는 듯하면 피해자를 인신공격하며 양비론의 쐐기를 박는다. 만약 피해자가 나르시시스트의 폭력 행동을 신고하기라도 하면 이 사건의 본질을 사라지고 B가 신고한 사실만 남는다.

대안도 없이 비판만 난무한 양비론을 허용하기 시작하면 프레임 전환은 더욱 가속화된다. 플라잉 몽키가 양비론을 들고나오면 이렇게 따져 물어보자.

"그런 양비론은 삼가해 주세요. 엄연히 가해자와 피해자가 나뉜 사건에서 가해자를 옹호하는 말은 옳지 않아요."
"피해자가 당신의 가족이어도 그런 말을 할 수 있나요?"

양비론이 플라잉 몽키의 망상이라는 것을 알아야 한다. 양비론은 궤변일 뿐이다.

어떻게 플라잉 몽키를 대할 것인가?

나르시시스트뿐 아니라 플라잉 몽키도 정서적 학대범이다. 교묘한 얼굴로 희생양을 위로하는 척하는 플라잉 몽키 역시 일정한 선을 그을 필요가 있다.

특히 이들은 상대를 감정적으로 흔드는 데 유능하므로 플라잉 몽키한테 감정적으로 흔들리지 않기 위해서는 이들이 나르시시스트에 관한 이야기를 들려주며 미끼를 던질 때 물지 않아야 한다. 플라잉 몽키도 나르시시스트와 마찬가지로 상대의 반응을 확인하면서 동시에 자신의 통제력을 확인하고 싶어 한다. 그래서 부정적인 이야기를 하며 희생양을 감정적인 상태로 만들려고 한다. 이때 이렇게 말한다.

"글쎄요, 잘 모르겠는데요?"
"아? 그런가요?"

미지근한 반응을 보인다. 차라리 반응을 보이지 않거나 피하는 것도 방법이다. 이들도 나르시시스트에게 투사받은 부정적 감정을 희생양에 전하고 싶어 하는 존재라는 걸 인지해야 한다.

이들은 나르시시스트가 희생양에 대해 악담을 퍼부은 것을 교묘하게 편집해서 전달한다. 희생양 입장에서 도움이 되는 정보일 것 같다. 하지만 한 발 떨어져서 바라보면 플라잉 몽키가 희생양을 감정 쓰레기통으로 만들기 위한 짓인 경우가 많다.

플라잉 몽키는 "나르시시스트가 희생양을 욕하고 다녔어"라고 상황을 편집해서 전달하며 희생양이 당황하거나 분노하는 표정, 행동을 보고 쾌락을 느낀다. 희생양의 감정적 반응이나 표현은 그대로 나르시시스트에게 훗날 보고가 된다.

또한 이들은 나르시시스트와 마찬가지로 희생양의 기분을 망치게 하기 위해서 퇴근 직전, 휴일 직전에 이런 이야기를 들려주며 편히 쉬지 못하도록 한다. 이 모든 패턴을 알아차렸다면 플라잉 몽키가 미끼를 던질 때 물지 않아야 한다.

앞서 제시한 스탠리 밀그램의 실험 요소를 변형한 또 다른 실험이 있다. 이때는 선생님을 두 명으로 두고 학생이 오답을 말할 때 '과연 전기 충격을 줘야 하는가?'를 토론한 후에 전기 충격을 주도록 했다. 결과는 전기 충격을 최대로 가하던 사람의 숫자가 0퍼센트로 줄었다. 토론을 통해 자신의 행동이 타인에게 고통을 준다는 사실을 알게 되면 이런 행동을 하지 않는다는 의미다.

그럼 플라잉 몽키는 단순히 나르시시스트의 명령을 받아 행동했을 뿐일까? 훗날 아돌프 아이히만은 전쟁 범죄 혐의로 교수형에 처했다. 이 사실이 질문에 대한 답이 될 것이다.

4장

알고 보면
나는
정말 강한 사람이다

나르시시스트에게서 나를 지키는 태도

왜 그 사람은 신경 쓰면서
내 감정은 무시했을까?

—

감정 인식

　오랜 기간 나르시시스트에게 정서적인 학대를 받아 온 사람들과 이야기하다 보면 참 놀랍게도 본인이 정서적 학대를 받았다는 사실을 잘 인지하지 못하는 경우가 많다. 이들은 '이 정도는 사회생활이니까 괜찮겠지'라며 합리화하거나 '나는 멘탈이 좋아서 괜찮아!'라고 스스로를 과대평가한다. 물론 남들보다 회복탄력성이 높은 사람이 있다. 하지만 대체로 자신에게 좋은 쪽으로 이유를 만들어 진짜 감정을 마주하지 않고 회피한다.

　이들은 끊임없이 나르시시스트의 눈치를 보며 '또 왜 화가 났나?' 불안해한다. 이미 분노로 가득 찬 나르시시스트를 보면 오늘도 비상임을 직감하고 무기력과 공포에 잠식된다. 또한 나르시시스트가 자신을 고립시키기 위해 거짓말과 이간질로 자신의 평판을 망가뜨리면 이들은 주변 사람들의 사소한 행동과 눈빛에도 상처받는다. "저 사람도 나르시시스트한테 내 이야기를 들었나?"라고 의심하며 심리적으로 위축된다.

학습화된 무기력에 빠진 피해자들

심리학자 마틴 셀리그만은 전기 충격에 벗어날 수 없는 상황에 오랫동안 개를 두면 전기 충격을 피할 수 있는 상황을 줘도 피하지 않고 전기 충격을 받는다는 실험을 통해 '학습화된 무기력'의 개념을 도출했다. 아무리 벗어나려고 발버둥 쳐도 피할 수 없거나 극복할 수 없는 환경에 반복적으로 노출되면 실제로 자신들이 벗어날 수 있는데도 벗어나지 못한다. 이 상황을 뒤집어서라도 탈출하려 하는 것이 아니라 자포자기해 버린다.

피해자들은 나르시시스트로부터 학습화된 무기력을 극복하기 위해 정면 돌파하는 것이 아니라 오히려 복종하면서 사소한 행복을 찾는 것으로 자구책을 삼는다. 피해자들은 하루하루를 버티기 위해 합리화를 하며 현실에서 도피한다. 물론 피해자들도 처음에는 나르시시스트의 행동에 황당해하며 싸우기도 해 봤을 것이다. 하지만 나르시시스트의 교묘한 심리 조종술로 심리적으로 지배당하면서 이들에게서 벗어날 수 없다고 스스로 한계를 지어 버렸을 것이다.

이제 나르시시스트의 존재를 알아차렸고, 그들의 행동 패턴을 익혔으니 자신의 진짜 감정과 마주해야 한다. 이때 감정에 매몰되지 말고 한 발 뒤로 물러서 제삼자의 일을 본다고 생각해 보자. 이렇게만 해도 훨씬 마음이 가벼워진다.

또한 나르시시스트를 이해해 보겠다는 마음은 접어야 한다. 나르시시스트에게 당한 피해자들은 '내가 더 조심했어야 했나', '내가 문제가 있나?'라고 생각한다. 그리고 그 답을 찾기 위해 나르시시스트의 행동을 이해하려고 하는데 이는 의미 없다. 이해하려 할수록 수렁에 빠지는 것이 나르시시스트라는 존재다. 나르시시스트가 아닌 자신의 마음을 이해하는 게 더 낫다.

아프면 아프다고 말하자

나르시시스트는 상대를 아무리 고통에 빠뜨려도 자신은 고통받지 않는다. 이들이 고통받는 것처럼 보이는 이유는 상대방의 마음을 아프게 해서가 아니다. 이 모든 상황이 나르시시스트 자신이 원하는 방향대로 되지 않기 때문이다. 따라서 나르시시스트가 원하는 대로 자기 검열 하지 않아도 된다. 나르시시스트의 정서적 학대로 괴롭다면 이렇게 외쳐보자.

"나르시시스트 따위가 나의 감정을 파괴할 권리는 없어!"

나르시시스트가 뭐라고 남의 감정을 파괴하게 둘 수는 없다. 나르시시스트에게 누구를 괴롭혀도 된다는 권한을 준 사람은 세상에 아무도 없다. 세상에 나르시시스트에게 학대를 당해도 되는 사람은 단 한 명도 없다. 아프면 아프다고 말해야 하고 아픔을 절대 가슴에 품고 있으면 안 된다. 당신이 한 발짝만 용기 내서 나가면 도와줄 사람이 많다. 그리고 이 세상에서 가장 소중한 건 바로 당신이다.

이 글을 읽고 있는 당신이 스스로 학습화된 무기력에 빠진 것은 아닌지 꼭 좀 돌아봤으면 한다. 꼭 나르시시스트와 싸워서 이기라는 것이 아니다. 여러 번 말했지만 나르시시스트와 싸워서 이기는 것은 사실 의미가 없다. 그들로부터 자신을 어떻게 지켜나가는지가 더 중요하다.

나르시시스트 때문에 가장 소중한 자신을 잃어서는 안 된다. 최소한 이것만 지키면 다시 일어설 수 있다. 이 글을 읽는 당신의 가능성을 믿어보자. 모든 것은 당신이 생각하는 것보다 훨씬 괜찮다. 웃는 자에게 나르시시스트는 절대적으로 겁먹을 테니.

당신이 깊은 구렁텅이에서 벗어나고자 하면
누구든 당신을 도와주려고 할 것이다.

35

낮아진 자존감을 회복해야
나르시시스트를 이긴다

—

상처 회복 1

"이게 끝은 있는 건가? 정말 비가 그치기는 하는 건가?"

살다 보면 안 좋은 일들이 한꺼번에 몰려올 때가 있다. 인생에
내리는 비는 멈출 생각이 없다. 어느 날은 혼자 서 있는 것이 어
려울 정도로 비가 내리기도 하고, 어느 날은 우산을 준비할 시간
도 주지 않고 비가 내린다.

하지만 비는 그친다. 영원히 내리는 비는 없다. 지금은 나르시
시스트에게 받은 상처가 너무 커서 생각하지 못할 수 있다. 또
이런 비는 어디에서나 내린다. 따라서 이런 일은 누구에게나 생

길 수 있고, 이런 문제는 해결할 수 있는 것으로 생각하면 좋겠다. 무엇보다 낮아진 자존감을 회복해야 나르시시스트에게 웃으며 대처할 수 있다.

나에게 집중하는 시간, 셀프 고립

감당하지 못할 비가 내릴 때는 잠시 숨을 고르고 기다리자. 이때가 인생에서 엄청난 성장을 할 수 있는 기회가 된다. 이때 필요한 것이 셀프 고립이다. 단어 자체만 보면 우울하게 느낄 수도 있겠지만 나의 고립의 시작과 끝을 스스로 결정할 수 있는 주체적이면서 자율적인 방법이다. 온전히 나에게 집중하고 나를 위한 시간으로 사용할 수 있다는 의미다.

셀프 고립의 시간 동안에는 인간관계를 최소화한다. 어쩔 수 없이 만나야 하는 상황을 제외하고는 오로지 나에게만 집중하고, 내면을 강화하는 일에만 몰두하는 것이 좋다. 이를테면 관심 있는 분야의 책을 읽거나 부족한 공부를 하거나 일기를 쓰면서 내면을 살핀다. 인간관계에 끌려다니지 않고 오롯이 혼자의 힘으로 자신을 담금질하는 시간이다.

이런 시간은 자존감뿐 아니라 인생을 성장시킬 수 있는 엄청난 힘이 된다. 자존감이란 자신이 사랑받을 만한 가치가 있는 존재라고 인식하고 유능하게 문제를 해결할 수 있다고 믿는 자기 만족감이다. 즉 내가 얼마나 나를 사랑하고 가치 있는 존재로 여기느냐의 영역이다. 따라서 살다가 어떤 문제가 닥쳐도 자존감이 높은 사람은 쉽게 무너지지 않는다.

이렇게 셀프 고립을 통해 자존감을 회복하다 보면 어느 순간 나르시시스트의 행동을 허상이라며 비웃을 수 있는 경지에 이른다. 이때가 되면 나르시시스트가 무섭다기보다는 이들이 얼마나 비열한 겁쟁이인지 인식한다. 높은 자존감은 나르시시스트를 상대하는 것을 넘어서 한 인간의 삶에서 엄청난 힘이다. 어둠 속에 있어도 밝게 웃으며 '이렇게 어두웠지만 그 안에서도 배웠다'고 말할 수 있는 사람이 된다.

차라리 즐기겠다는 마음이 필요하다

혼자 지내지 않는 이상 우리는 살면서 나르시시스트를 만날 수밖에 없다. 아무리 피하려고 해도 거르고 또 걸러도 만난다. 이때는 '차라리 즐긴다'는 마음을 먹는 것이 좋다.

나르시시스트의 타깃이 됐다면 어쩔 수 없이 그들이 감독인 피해망상 영화에 주인공으로 출연할 수밖에 없다. 아무리 도망가도 집요한 나르시시스트 감독은 기필코 영화를 찍는다. 나르시시스트 감독은 시나리오를 수정해서라도 당신을 다시 영화에 출연시킬 사람들이다. 어쩔 수 없이 이 영화를 찍게 됐다면 오히려 멋진 연기를 선보이라고 말하고 싶다.

주인공이 되기로 마음먹었다면 나르시시스트 앞에서는 어떤 감정도 절대 티내지 않는다. 나르시시스트 영화감독은 나의 모든 순간을 카메라에 담고 분석한다. 그러니 나르시시스트의 시선이 느껴져도 전혀 모르는 척, 신경도 쓰지 않은 척하면서 연기에 몰두한다. 연기의 목표는 하나, 나르시시스트가 내 마음을 읽을 수 없게 알쏭달쏭한 상태로 만드는 것이다. 그래야 나르시시스트는 상대의 감정을 함부로 재단할 수 없음을 직감한다. 그렇게 행동하다 보면 재미도 없고 감동도 없는 이 영화의 주인공을 빨리 끝낼 수 있다.

모든 상황을 받아들이기 시작하면 무섭게 내리던 비는 그친다. 감당하기 어려웠던 나르시시스트로부터 탈출했지만 비가 그치고 난 후 파괴된 감정으로 삶은 어수선해진다. 매서운 비바람으로 유리창은 깨지고, 벽에는 금이 가며, 바람에 날아온 낙엽들로 너저분하다. 모든 것이 엉망이다. 치우는 것이 용기가 나지 않는다.

"이걸 언제 치우지? 치울 수나 있나?"

묵묵히 나의 길을 갔던 마음으로 청소를 시작한다. 여기서 청소는 마음의 상처를 치료하는 시간이다. 조급해하지 않고 하루 하루 해 나가면 된다. 하루는 낙엽을 쓸고 하루는 유리창을 교체한다. 또 하루는 유리창을 닦으면 된다. 시간의 힘이란 이렇게 위대해서 사방으로 뜯겨 도저히 봉합되지 않을 것 같은 마음을 다시 하나로 만든다.

그렇게 매일 부단하게 하루를 보내다 보면 어느 순간 뒤를 돌아봤을 때 내가 얼마나 많이 걸어왔는지 한눈에 보이는 시점이 온다. 지나온 길 뒤로 환한 가로등이 켜지며 그 빛이 나를 비추기 시작하는 순간이 온다.

지금 혼자서 절대 감당할 수 없는 빗줄기 사이에 서 있다면, 이 비가 그칠지, 내가 잘 버텨 낼지 의문이 든다면 누적된 시간의 힘을 믿어 보자. 지금은 아무런 힘이 없는 것 같지만 이 시간이 지나면 나르시시스트 때문에 무너진 자존감, 상처받은 마음이 어느덧 회복돼 전보다 더 큰 사람으로 성장해 있을 것이다.

36

삶의 중심을
나에게로 옮기는 시간

—

상처 회복 2

나르시시스트로부터 어렵사리 탈출한 피해자가 가장 힘들어하는 건 자신의 삶을 지탱할 무게 추가 자신에게 없다는 것이다. 무게 추는 내가 휘둘리지 않도록 나를 단단히 고정해 주는 닻이다. 오랜 시간 동안 나르시시스트에게 심리적으로 지배당하고 조종당하며 살아온 이들은 스스로 자립하지 못하고 나르시시스트에게 의존하는 상태가 된다. 그래서 가장 먼저 나르시시스트에게 있는 내 인생의 무게 추를 다시 가져오는 작업이 필요하다.

오랜 시간 나르시시스트에게로 가 있던 무게 추를 당장 나에게로 옮기기는 어렵다. 하지만 내가 아닌 나르시시스트의 삶을 살고 있다는 걸 인지했다면 충분히 나에게로 다시 가져올 수 있다. 너무 익숙해져 버리고 의존적으로 살아왔기 때문에 피해자 중 일부는 무게 추를 자신에게로 옮기면서 상실감, 죄책감을 느끼기도 한다. 또한 "내가 과연 나에게 무게 추를 옮겨 올 수 있을까?"라며 끊임없이 자기 의심을 한다.

그럼 어떻게 무게 추를 내 삶의 중심으로 옮길 수 있을까?

과거의 나와 현재의 나의 화해

자기 의심이 들고 복잡한 마음이 들 때는 오히려 자신의 감정에만 집중해야 한다. 나에게만큼은 한 치의 거짓 없이 솔직하게 그 일은 어떤 의미였는지 생각하며 감정을 정확히 분류한다. 두리뭉실하게 감정을 던져 두거나 외면하지 않는다. 감정을 분류할 수 없을 때는 기록을 남기면서 꾸준히 모니터링한다.

무게 추를 옮기는 과정에서 상실감을 느꼈다면 내가 느끼는 상실감의 근원을 이해해 본다. 그렇게 오랫동안 의존했던 대상이 없어졌으니 상실감이 드는 것은 본능적인 감정이라고 이해해야 한다. 또한 나르시시스트를 떠났다는 죄책감에 시달릴 수도 있다. 오랫동안 심리적 지배를 당한 사람들에게는 자연스러운 감정이다. 물론 이해한다는 것이지 다시 나르시시스트에게 돌아간다는 의미는 아니다.

이 과정에서 자기 의심은 성장을 위한 당연한 과정으로 받아들이는 게 중요하다. 자기 의심에 매몰되는 것이 아니라 성장을 위한 필수 불가결인 감정으로 받아들이면 자기 의심이 들어도 흔들리지 않는다.

마지막으로 이런 감정의 근원을 찾기 위해 과거의 감정과 만나야 한다. 일종의 자기 화해인데, 과거에 나르시시스트에게 당차게 행동하지 못해 억울한 마음이 남아 있는 자신과 현재의 내가 만나는 화해의 과정이다. 나르시시스트가 두려워 공포에 떨던 과거의 아이를 만나면 "이제는 괜찮아. 내가 이렇게 많이 컸어. 이제는 나르시시스트가 무섭지 않아"라고 위로해 준다. 더 이상 과거가 아프지 않아야 우리는 미래로 나아갈 수 있다.

우리의 무의식은 무게 추를 자기에게 다시 끌고 와야 한다는 답을 안다. 다만 뇌는 자꾸 편안하고 익숙한 감정으로 돌아가려고 해서 쉽지 않다. 이때 멈추지 않고 계속해서 차근차근 내 삶의 무게를 나에게로 옮기면 된다. 그렇게 자신의 무게 추를 자신에게 단단히 결박하면 훗날 또 나르시시스트를 만나도 이제는 오히려 그들이 두려워하는 사람이 된다.

나르시시스트가 두려워하는 사람

나르시시스트가 가장 두려워하는 사람은 나르시시스트가 아무리 비난하고 깎아내려도 꿈쩍하지 않고 웃으며 나의 길을 가는 사람이다. 나르시시스트가 아무리 때려도 웃으면서 일어나며 오히려 때린 나르시시스트 손만 아프게 만드는 사람, 그러면서도 나르시시스트가 얼마나 허상의 인물인지 정확히 꿰뚫어 보는 사람을 나르시시스트는 가장 두려워한다. 나르시시스트가 거짓말과 이간질을 해도 '나는 내가 그런 사람이 아니니까. 나는 네가 두렵지 않으니까'라는 마음만 먹으면 된다. 이것은 자존감의 영역이다.

자존감이 높은 사람은 주변이 소란스러워도 흔들리지 않는다. 세상 사람들 모두 나를 믿지 않고 나르시시스트의 말에 현혹된다고 해도 자신을 믿는다. 지금 당장은 삶의 중심이 흔들리는 것 같고 자존감이 떨어진다면 자신에게 이렇게 말해 보자.

"네가 아무리 나를 흔들어도 나는 흔들리지 않아. 나는 나만의 확실한 목표를 갖고 내 길을 갈 거야. 그 과정에서 나는 내 삶을 진심으로 사랑해 주고 나를 무조건 믿어 줄 거야. 오직 내 삶에만 집중해서 차근차근 성장할 거야. 나에게는 매 순간이 기쁨이거든. 있지도 않은 거짓말과 나를 고립시키기 위한 이간질로 공격해도 그 공격이 내 가슴에 비수로 꽂히지 않아. 나는 이제 알거든. 네가 겁에 질린 존재라는 것을."

포기하는 것이 인간관계의
최선일 때가 있다

관계 재설정

가족 중에 나르시시스트가 있어도 가족이라는 이름 때문에 끊어 내기가 어렵다. 나르시시스트 연인을 만나도 이별은 참 힘들다. 나르시시스트와 지낸 추억이 퇴색되는 것이 아쉽고, 옆에 없다는 생각에 두려움을 느낀다. 당사자가 아니면 복잡 미묘한 이 감정을 설명하기 어렵다.

그래서 나르시시스트의 러브 바밍, 후버링에 속아 '이번만 봐주자' 혹은 '이번만 믿어 보자'는 생각으로 이들에게 다시 돌아간다. 하지만 이 마음은 상대가 인격 장애가 아닐 때나 용인된다. 다시 말하지만 나르시시스트라는 인격 장애는 변한 척하는 것뿐이지 절대 변하지 않는다.

좁고 깊은 관계의 위험성

나르시시스트를 만났다면 인연을 끊는 것이 가장 좋다. 하지만 나르시시스트를 가족 혹은 연인으로 두면 이런 판단 능력이 어렵다. 나르시시스트는 상대를 좁고 깊은 인간관계로 유도하기 때문에 피해자는 심리적 지배에 빠져나오지 못한다. 나르시시스트가 만드는 관계가 얼마나 위험한지 보여 주는 단면이다.

관계가 깊을수록 냉정하게 자신과 관계에 대해서 생각해 볼 필요가 있다. 내 감정이 어떤지, 나는 어떻게 해야 하는지, 최선은 무엇인지 곰곰이 생각해 봐야 한다. 물론 이미 본인은 답을 알고 있다. 답을 아주 명확하게 알고 있다. 다만 그것을 실행하고 있지 못할 뿐이다. 용기를 내야 하는 순간에 용기를 내야 한다. 그때 용기를 내지 않으면 두고두고 그때의 자기 모습을 후회하게 된다.

이렇게 용기를 내면 보이기 시작하는 것이 있다. 굉장히 대단한 것 같은 나르시시스트를 천천히 객관적으로 뜯어보면 별것 없다. 즉 당신의 머릿속에 아스라한 추억으로 기억되는 나르시시스트의 모습은 당신이 만들어 낸 환상일 뿐이다. 실제로는 자존감이 한없이 낮은 한심한 사람이다.

나르시시스트임을 깨닫고 용기를 내어 헤어져도 다시 만나는 경우가 있다. 혼자 남은 그 시간을 못 견뎌서인 경우가 대부분이다. 그 사람의 빈자리가 너무 크고, 그 사람과의 추억이 너무 아름다우며, 사랑하던 자신의 모습이 너무 사랑스럽고 행복해서 다시 그 추억에 빠진다. 즉 사랑을 할 때 분비되던 신경 화학 물질에 중독된 것이다.

뇌 과학자들은 인간의 뇌는 쾌락이나 고통을 느끼면 신경 화학 물질이 나오는데, 이것에 중독된 인간은 이 물질이 나오지 않으면 금단 증세를 느낀다고 설명한다. 그래서 과거의 행복, 쾌락, 고통을 느끼기 위해 그 당시의 행동을 반복하려고 한다.

다행히도 신경 화학 물질의 금단 증상은 21일을 버티면 벗어날 수 있다. 21일이 지나면 뇌는 새로운 신경을 재구성하기 시작한다. 그리고 90일이 되면 뇌는 새로운 신경에 완전히 적응하고 인간은 변화된 삶에 익숙해진다.

결국 시간이 모든 것을 해결한다

도저히 이 악의 굴레를 벗어날 자신이 없는 사람이라면 차라리 시간에 의지해 보자. 시간이 아주 느리게 가서 지루하다고 느낄 수도 있다. 하지만 흐르는 시간에 몸을 맡기는 것만큼 효과적인 것도 없다. '이 또한 지나가리라'는 말이 있지 않은가? 시간은 내

편이다.

처음에는 21일을 목표로 하루하루를 버텨 보자. 7일을 버티면 자신에게 칭찬도 해 주고 14일을 버티면 당신을 위해 여행도 가 보자. 아마 지독히도 힘든 날들이 되겠지만 시간은 내 편이라는 것만 잊지 않고 묵묵히 그 시간을 견디면 된다. 그렇게 21일이 되는 날은 가장 힘든 시간을 견딘 당신을 위해 파티를 열고 다시 90일을 목표로 나아간다.

이 시간 동안 명상, 기도, 일기 쓰기 등 당신의 흔들리는 마음을 붙잡을 수 있는 것에 에너지를 쓰자. 흔들리고 넘어지는 당신을 다시 일으키고 잡아 줄 것에 에너지를 쏟다 보면 100번 넘어져도 101번 다시 일어나는 당신 자신을 발견하게 된다.

그렇게 90일이 지나면 감정이 오르락내리락할 것이다. 어떤 날은 이제 다 괜찮아진 것같이 느껴지다가도 어떤 날은 그동안의 노력이 무의미해지며 '이렇게 살 수 있나' 싶은 마음이 들기도 할 것이다. 원래 시간이란 얄궂어서 당신을 들었다 놨다 한다.

다만 그렇게 오르고 내리고 해도 당신이 시간의 힘을 믿는다면 당신의 그래프는 언제나 우상향이다. 그리고 어느 날 당신이 그 긴 터널을 뚫고 나와 얼마나 성장했는지 주마등처럼 스쳐 지나가는 날이 반드시 온다.

한때는 그렇게 사랑했던 사람이라도 인연이 다했다면 놔줘야 할 때가 온다. 우리는 이미 답을 알고 있다. 다만 마음이 아직도

질척거리며 과거를 부여잡고 있는 것일 뿐이다. 마음이 흔들리는 날은 이 말을 기억하자.

"살다 보면 내가 한 선택에 의문이 드는 순간이 올지도 모른다. 그런데 분명한 것은 내가 그 선택을 하지 않았다면 나의 삶은 파국이었을 것이다."

38

더 이상 나르시시스트의
눈치를 보지 않는다

—

감수하기

"비가 내리는 날 외출을 하면서 어떻게 비를 한 방울도 안 맞을 수 있겠어요? 그 정도는 감수해야죠. 자기 분야에 독보적인 사람들은 작은 손해나 구설쯤은 성공을 다지는 작은 타협점으로 삼아요."

나르시시스트가 퍼뜨리는 거짓말과 이간질로 힘든 나날을 보내고 있던 나에게 큰 울림을 준 글귀다. 나르시시스트의 지치지 않는 스미어 캠페인은 상대를 무척이나 힘들게 한다. 여기저기에 근거 없는 소문을 퍼뜨리고 다니니 "나는 이런 사람이 아니다"라고 해명하고 다녀야 하는 난감한 상황에 처한다. 사회적 평판을 신경 쓰고 다른 사람과의 관계를 소중히 여기는 사람일수록 나르시시스트에게 끌려다니기 쉽다. 그러다 결국 그들에게 무릎을 꿇고 항복한다. 참담한 결과지만 나르시시스트는 자신의 전략이 먹혔음에 감탄한다.

비를 맞았다면 깨끗하게 씻으면 된다

심리학자들은 완벽한 자기애에 집착하는 나르시시스트에게 사회적 평판만큼 중요한 건 없다고 말한다. 나르시시스트에게 타인의 시선 없이 뭔가를 한다는 건 불가능한 일이다. 늘 타인의 시선과 평가 속에서 자신을 만들어 가는 나르시시스트에게 사회적 평판에 겁먹지 않는 상대는 위협적으로 다가온다.

자신에게는 그토록 두려운 사회적 평판을 신경 쓰지 않는 상대의 모습에 나르시시스트는 공격권을 상실한다. 게다가 상대가 자존감도 높고 회복 탄력성도 좋아서 자신의 공격에도 흔들리지 않는 존재면 이들은 두려움마저 느낀다. 더 이상 나르시시스트의 눈치를 보지 않으면 이들은 당신에게 어떤 공격도 할 수 없다.

허상뿐인 나르시시스트의 눈치를 본다는 것이 얼마나 기괴한 일인가? 게다가 남의 눈치를 습관적으로 보고 자신을 그들의 평가에 가둘수록 나를 잃고 필시 불행해진다. 그럼 나르시시스트의 종속물로 살게 된다. 그때는 이런 마음을 먹어 보자.

"나르시시스트! 너 하고 싶은 대로 해! 나는 네가 원하는 대로 절대 끌려다니지 않으니까."

나 역시 나르시시스트의 거짓말과 이간질로 힘든 시간을 보냈다. 그때 나르시시스트가 만든 이야기들은 눈도 뜰 수 없는 폭우처럼 느껴졌다. 비를 맞지 않으려고 우산을 이리저리 돌렸다. 하지만 폭우 앞에서 우산은 무의미했고, 비를 맞지 않으려고 노력할수록 비는 더욱 쏟아졌다.

이때는 우산을 집어 던지고 뛰어가는 게 낫다. 비를 피할 방법이 없다면 차라리 과감하게 비를 맞는 것도 방법이다. 이런 모습은 늘 타인의 시선을 신경 쓰는 나르시시스트에게 큰 위협이 된다. 하지만 모든 것이 생각보다 괜찮다. 비를 맞은 후에는 깨끗하게 씻고 새 옷으로 갈아입으면 된다.

생각보다 사람들은 남 일에 별로 관심이 없다. 남들 신경 쓰지 말고 오직 자신의 삶에 집중하면 된다. 또한 나르시시스트가 만든 거짓말을 신경 쓰며 타인의 평가를 두려워하는 모습은 오히려 스스로를 감옥에 가두는 것과 같다. 먼저 마음속 자기 파멸의

때로는 비가 내리도록 두는 것이
가장 좋은 방법이다.

소리부터 멈춰야 한다. 그건 사실이 아니다. 그게 설사 사실이라고 해도 그건 이미 당신의 손을 떠났다. 그 일을 자꾸 곱씹을수록 괴로워지는 것은 당신일 테고 그 일로 기뻐할 사람은 나르시시스트일 테니 과감하게 잊자. 원래 당하기 직전이 무서운 것이지 맞고 나면 오히려 후련한 법이다. 그렇게 한 걸음 한 걸음 나아가면 된다.

39

오직 나만이
나를 구할 수 있다

—

시각화

처음 수영을 배울 때 머릿속으로 팔과 다리를 움직이는 연습을 한다. 머리로는 완벽한 자세를 상상했지만 막상 물속에 들어가면 버둥거린다. 그럼 다시 팔과 다리의 움직임을 고민하고 자세를 상상한다. 그렇게 열심히 생각하고 고민하다 보면 어느 날 월등히 발전한 수영 실력에 놀란다. 머릿속으로 시뮬레이션하는 너무나 사소하고 일상적인 이 방법이 나르시시스트를 제압할 '시각화 방법'이다.

우리의 뇌는 상상과 현실을 구분하지 못한다. 즉 내가 어떤 상황을 상상하고 해결 방법을 시뮬레이션하면 우리의 뇌는 이것이 현실인지 상상인지를 구분하지 못한다는 것이다. 그래서 상상 속에서 연습한 것을 현실에서도 적용할 수 있게 된다. 느닷없는 나르시시스트의 언어적, 신체적 폭력 행위를 단호하게 대응하는 모습을 꾸준히 상상하며 시각화하면 실전에서 도움이 된다. 이제 단계적으로 연습해 보자.

감정 통제 연습하기

첫 번째, 나르시시스트가 공격해 올 법한 일을 상상하며 자신의 감정을 살핀다.

나르시시스트를 대응할 가장 큰 힘은 절제된 감정이다. 어떤 순간에도 그들에게 자신의 감정을 드러내지 않는 것이 중요하다. 나르시시스트를 떠올리는 것만으로도 위급 상황에 반응하는 것처럼 손이 떨리고 가슴이 두근거릴 것이다. 자연스러운 반응이다. 이제 우리는 자신의 감정을 관찰하는 제삼자가 된다고 생각한다. 이 감정들로부터 한 발 뒤로 물러서서 자신의 격한 감정들을 살핀다.

"나르시시스트를 떠올리는 것만으로도 화가 났구나."

반복적으로 자신의 감정을 살피면서 나르시시스트의 공격에도 흔들리지 않도록 연습한다. 처음에는 흥분됐던 감정들이 서서히 통제되고 있음을 느끼기 시작할 것이다.

두 번째, 시각화와 역할극으로 연기자가 돼 본다.

시각화와 역할극을 동시에 진행하며 연기를 한다고 생각해 보자. 나르시시스트의 공격 상황을 머릿속으로 상상하면서 나의 표정, 손의 떨림, 자세, 목소리 톤까지도 연습한다. 이런 상황에서는 어떤 말을 해야 하는지 실제로 입 밖으로 뱉으며 연습을 해 본다. 말을 더듬지는 않는지, 목소리가 떨리지는 않는지, 이것보다 간결하면서도 강렬한 말은 없는지도 생각해 본다. 목소리를 실제로 내기 시작하면 감정이 실리는 것을 느낄 수 있다. 실전에서 감정이 느껴지면 아찔한 순간이 올 것이므로 감정이 완전히 빠질 때까지 연습한다. 나르시시스트에게 감정적으로 반응하면 백전백패다.

세 번째, 연습만이 살길이다.

처음에는 감정 조절이 되지 않을 것이다. 하지만 꾸준히 연습하다 보면 점점 변한다. 이게 바로 우리 뇌의 위대함이다. 연습하고 또 하면 실전에서 목소리의 떨림 하나 없이 할 말을 할 수 있다. 심지어 숨소리까지도 조절하게 되는 경지에 이른다. 이 과정을 거치고 나면 나르시시스트의 격노와 폭력 행위에도 떨지 않고 여유롭게 그들을 내려다보며 절제된 감정과 언어, 표정, 제스처로 상황을 볼 수 있다.

네 번째, 어떤 상황에서도 평온한 상태를 유지한다.

나르시시스트를 단숨에 제압할 단호함을 보여 주면 나르시시스트는 분노로 어쩔 줄 몰라 한다. 그런 순간에도 우리는 무조건 평온한 상태여야 한다. 아무리 연습을 많이 해도 실제로 나르시시스트의 폭력적인 모습을 눈앞에서 볼 때 공포감으로 얼어붙을 때가 많다. 이 공포를 과감하게 깨고 나올 수 있는 것이 더 많은 연습이다. 반사적인 태도를 몸에 익히면 위기의 순간에 어떤 대응을 생각하기도 전에 몸이 반사적으로 움직인다. 나르시시스트가 아무리 상황을 얼음으로 만들어도 우리는 이걸 깨부숴야 한다.

나르시시스트 때문에 피해를 호소하는 사람들은 일상에서도 나르시시스트 생각을 하며 우울해한다. 그럴 때는 시각화 연습을 통해 나르시시스트로 인한 우울한 감정을 벗어던지고 스트레스를 푸는 것도 방법이다. 실제로 연습하면서 나르시시스트를 제압하는 자신의 모습을 상상해 보면 자신의 상황을 좀 더 객관적인 상황에서 바라볼 수 있다. 그때야 비로소 크게 위축될 일도 두려워할 일도 아니란 것을 깨닫는다.

나르시시스트를 상대하는 일은 벼랑 끝에 선 것 같다. 감정 소모만 하다가 지치는 참 허무하고 의미 없는 시간이다. 게다가 그 끔찍한 공포, 억울함, 짜증까지 내 인생에서 도움이 되지 않는다. 하지만 그 고난의 시간 동안 스스로를 구하기 위해 애를 쓰는 자신을 보게 될 것이다. 그게 진정한 자기 사랑의 실현이다. 그리고 나르시시스트가 파 놓은 덫에서 나를 구해 준 것은 오직 나뿐이라는 사실을 절실히 깨닫게 된다. 이것이 우리의 성장이 시작되는 순간이다.

40

나의 가치는 다른 사람이 아닌 내가 결정한다

—

자아 가치

드라마 〈나의 아저씨〉에 주인공의 둘째 형을 쫓아다니던 여배우의 모습이 생각난다. 한때 잘나가는 영화감독이었던 주인공 박동훈의 둘째 형 박기훈은 건물 청소를 하며 근근이 살아간다. 그런데 영화감독 시절에 괴롭혔던 여배우 최유라가 계속 찾아온다. 최유라는 박기훈에게 '당신이 구겨 놓은 내 인생을 다시 펴달라'고 요청한다. 최유라는 영화감독이 아닌 건물 청소를 하는 박기훈의 망한 모습을 보며 쾌감을 느끼기도 했다.

박기훈은 천재 영화감독이 되고 싶었다. 하지만 박기훈은 당시 최유라와 함께 작업했던 작품이 잘 풀리지 않을 것이란 사실을 알고 있었다. 박기훈은 그 원인을 본인이 아닌 연기가 부족했던 최유라에게 떠넘기기 위해 '너 때문에 작품이 망했다'며 최유라를 끊임없이 몰아세웠다.

자신의 부족함을 인정하지 못하고 타인을 탓하며 괴롭히는 이 투사 기법은 나르시시스트의 열등감 해소법이다. 매일 박기훈을 찾아오던 최유라는 감독의 열등감 해소를 위한 희생양이었다. 오랜 시간이 흐른 후에 박기훈은 과거 자신이 최유라를 괴롭힐 때 그녀가 스스로 파괴되는 것을 알면서도 괴롭혔다고 자신의 잘못을 인정한다. 그리고 최유라에게 이렇게 말한다.

"앞으로는 참지 말고 그놈들이 너를 함부로 대하면 대들고 물 어 버려."

박기훈은 정확하게 본인의 잘못을 알고 있었고, 자신이 범한 투사에 당하지 않기 위해서 최유라가 어떻게 대처했어야 했는지 도 알고 있었다.

나는 어떤 사람이 될 것인가?

사회생활을 하는 사람이라면 박기훈의 말처럼 행동하기가 쉽지 않다. 기존의 관행에 따라 사회생활을 했던 사람들이라면 더 받아들이기가 힘들 것이다. 하지만 사회생활에서 자신의 입지는 남이 결정하는 것이 아니라 내가 결정하는 것이다.

비단 사회생활에만 국한된 이야기가 아니라 인생 전체에 적용해도 된다. 내가 나를 존중받을 사람으로 대하면 남들도 그렇게 대할 것이고, 내가 나를 하찮은 사람으로 대하면 남들도 나를 무시한다.

안타깝게도 사회생활이라는 이름으로 행해지는 불합리한 폭력에서 살아남는 방법은 약자가 되지 않는 것이다. 그러려면 웃으면서 할 말은 하는 능력이 필요하다. 사람들의 착각 중 하나가 사회생활이라는 틀에서는 자신을 무조건 노예로 강등해야 한다는 인식이 있다.

그렇지 않다. 오히려 잘나간다는 사람 중에는 웃으면서도 자기 할 말을 하며 자신을 무조건 을의 입장에 두지 않는 사람이 더 많다. 협상해야 하는 순간에는 직급에 상관없이 자신을 갑의 위치로 둔다. 즉 자신의 포지션은 자신이 결정하는 것이다.

이런 사람들은 타인에 의해서 자신의 입지를 만들지 않고 온전히 자신의 판단으로 자신의 입지를 구축한다. 남의 눈치도 보지 않고 자기 가치를 인정할 줄 안다. 사람들의 생각에 휩쓸리지 않고 자신의 생각으로 삶을 산다. 그래서 이런 사람은 아무도 막

대할 수 없다. 의외로 인간의 본성은 자신에게 넙죽 엎드린 노예 근성 있는 사람에게는 노예만큼의 한계를 채우고 대하게 된다. 하지만 자신감 넘치고 자신의 포지션을 스스로 결정할 줄 아는 사람에게는 직급에 상관없이 어려워하고 그들에게 노예 프레임을 씌우지 않는다.

두 가지 차이를 인식했다면 자신을 타인이 괴롭혀도 되는 사람으로 만들지 마라. 자신이 자신을 무시하면 타인도 그렇게 대한다. 어떠한 순간에도 자신을 지켜 낼 유일한 사람은 바로 자신뿐이라는 것을 잊지 말아야 한다.

나르시시스트는 이 차이를 정확하게 알기에 자신의 희생양을 찾을 때 만만한, 때려도 저항감 없는 약한 사람들을 물색한다. 이런 사람들에게 나르시시스트의 평가가 얼마나 치명적으로 작용하는지도 잘 알고 있다. 그러니 자신의 가치를 나르시시스트의 평가와 연결하지 마라. 나의 가치를 결정할 수 있는 사람은 오직 나뿐이다.

41

누구도 흔들 수 없는
사람이 돼라

—

자기 확신

세상을 살다 보면 참 다양한 사람을 만난다. 닮고 싶고 존경심이 드는 사람을 만나기도 하지만 상종하기 싫은 나쁜 사람도 만난다. 잘난 것도 없는데 자기가 제일 잘났다며 다른 사람을 무시하는 사람도, 다른 사람을 속여서 이득을 취하는 사람도 있다. 이런 사람들과 엮여서 얼토당토않는 일을 겪기도 하고, 사람들 앞에서 망신도 당해보면 인류애를 상실하기도 한다.

하지만 이런 일이 나에게만 일어나지 않는다. 이게 나라서 생긴 일이 아니라 원래부터 일어날 문제였다. 결국 삶이란 산재한 문제를 해결하는 과정이다. 책《더 마인드》에서는 삶을 이렇게 비유한다.

"아주 컴컴한 널따란 방에 손전등 하나로 한곳을 비추면 문제가 하나가 보인다. 그렇게 그 문제를 해결하고 또 손전등으로 다른 곳을 비추면 또 다른 문제가 보인다. 인생이란 방 안에는 문제가 그렇게 산재해 있는 것이다."

손전등을 비춘 곳에 나르시시스트가 앉아 있기도 하고 꾸역꾸역 나르시시스트에게서 벗어나 다시 손전등을 비췄는데 또 다른 나르시시스트가 앉아 있을 수도 있다. 누가 잘못해서 생긴 일이 아니라 원래 인생이란 방에는 그런 문제들이 있다.

진짜 강한 사람이란

사실 어떤 문제가 있느냐보다 그 문제를 어떻게 바라보고 해결하느냐가 훨씬 더 중요하다. 가끔 해결해야 할 문제보다 본인의 역량이 부족한데도 본인은 다 해결할 수 있다고 허세 부리는 사람들이 있다. 이런 사람들은 "나도 성격이 있으니까 가만히 안 두지"라며 마치 금방이라도 문제를 향해 달려갈 듯이 말한다. 반대로 어떤 사람들은 조용히 상황을 지켜보며 자신의 포지션을 생각하는 사람도 있다. 얼핏 보면 전자가 더 세고 문제를 잘 해결할 것 같다.

하지만 진짜 무서운 사람은 어떤 상황이든 감정을 통제하며 상황을 지켜보는 사람이다. 이들은 자신이 문제를 해결할 수 있다는 것을 스스로도 매우 잘 알고 있다. 그래서 굳이 "내가 지금 참고 있는 건데", "나도 성격이 있는데"라는 말조차 하지 않는다. 이런 사람들은 조용하게 감정을 통제하며 돌아가는 상황을 눈여겨보며 자신의 포지션을 생각할 뿐이다.

이들은 눈에 띄지 않아도 자기 꿈을 위해 매일 열심히 산다. 남들이 뭐라 하건 말건 한 번도 자신의 꿈을 의심하지 않는다. 강한 자기 확신을 갖고 자신의 인생을 산다. 이들은 자신이 진정으로 강한 것을 알고, 맘만 먹으면 그 강인함을 스스로 통제할 수 있다는 자신감도 넘친다.

동물의 세계에서 진짜 무서운 동물은 평상시엔 어수룩하게 어슬렁거리며 마치 밥벌이나 할 수 있을까 싶게 걷다가도 포획해야 할 타깃이 생기면 갑자기 추진력을 내며 공격한다. 호랑이가 그렇다. 반면에 힘이 약하고 작은 동물들은 매순간 예민하다.

자기가 진짜 무서운 사람이라는 걸 스스로 아는 사람은 합의가 없다. 이런 사람들은 해결해야 할 문제 앞에서 크게 동요하지 않는다. 사실 동요할 필요가 없기도 하고 상대가 까불면 까불수록 그냥 둔다. '어디까지 하나 보자' 이런 마음으로 관망한다. 이런 사람은 인간의 연민, 합의금, 용서, 사과, 보상 등에 크게 의미 부여하지 않는다.

이들은 주변에서 아무리 타협점을 종용해도 자신이 마음을 먹으면 타인의 생각에 절대 동조하지 않는다. 이게 되게 쉬운 생각일 것 같지만 정말 힘든 일이다. 하지만 이들은 할 수 있다. 결국 이들은 자신을 멈춰 세울 수 있는 것은 오직 자신뿐이라는 것을 안다. 이게 바로 인생에 강력한 무기가 된다.

이들에게 나르시시스트라는 허상은 우습다. 자신의 허약한 내면을 분노로 드러내는 하수일 뿐이라고 생각한다. 그리고 나르시시스트 역시 이들을 두려워한다. 나르시시스트가 그동안 이용한 심리 조종술이 이들에게는 전혀 먹히지 않기 때문이다.

우리는 나르시시스트를 피하려고 해도 만날 수밖에 없다. 이제는 나르시시스트를 만나지 않게 해 달라고 바랄 것이 아니라 나르시시스트를 만나도 휘둘리지 않는 내가 돼야 한다. 그렇게 내면을 단단하게 만들다 보면 누구도 흔들 수 없는 강한 사람이 된다. 그게 진짜 강한 사람이다.

42

드디어 나르시시스트에게
편해졌다

—

감사와 용서

오래전 직장에서 지독한 악성 나르시시스트를 만나 피폐해질
대로 피폐해진 적이 있었다. 결국 내가 도망가는 것으로 상황을
벗어났지만 억울함과 분노로 잠을 이룰 수 없는 날들이 지속됐
다. 정작 치료를 받아야 할 나르시시스트는 기세등등했고, 피해
자나 피해자 가족들이 치료받는 아이러니한 상황이 연출됐다.
나르시시스트에 대한 분노를 갖는 것이 내 삶의 손해인 것을 분
명히 알면서도 마음대로 되지 않았던 시절이었다. 그때 그 어두
운 터널 속에서 깨친 방법이 있었다. 그리고 마음은 놀랍도록 평
안해졌다.

나르시시스트에게 감사하기

바로 '감사하기'였다. 자신을 괴롭힌 나르시시스트에게 무슨 감사할 마음이 생기겠냐고 생각하겠지만 처음에는 억지로라도 아주 사소한 것이라도 일단 감사한 내용을 적었다. 분노가 분노를 끌고 오던 시절이라 나르시시스트에게 감사는 불가능에 가까운 미션이었다. 하지만 그렇게 적다 보니 한 가지 놀라운 사실을 발견할 수 있었다. 감사 일기는 나르시시스트에 대한 이야기가 아닌 나의 성장과 변화에 대한 이야기였다.

"나르시시스트가 그렇게 괴롭히긴 했지만 그 일로 내 삶이 제대로 가고 있는지 다시 한 번 확인할 수 있는 기회가 되어 감사하다."

"무척이나 힘든 시간이었지만 덕분에 더 큰 일도 웃으며 넘길 수 있게 되어 감사하다."

첫날은 한 장 적기가 힘들었지만 하루하루 쓰다 보니 결국 노트 한 권을 채우게 됐다. 물론 그 과정은 무척이나 아프고 쓰라린 과정이었지만 시간이 조금 지난 후에 감사 일기를 읽다 보면 나의 성장을 한눈에 보게 되는 날이 온다. '그때는 그렇게 아팠구나'라고 미래의 내가 과거의 나를 토닥이고 이해하게 된다. 여기서 한발 더 나아가서 그토록 미운 나르시시스트가 더 이상 미워지지 않는 시점이 찾아온다. 그리고 마음이 평온해질 것이다. 오랜만에 느껴 보는 평온함에 눈물이 날지도 모른다.

이 모든 과정은 오직 자신을 위한 일이지 나르시시스트를 위한 일이 아니다. 나는 그 후에도 많은 나르시시스트를 만났다. 하지만 예전처럼 당하지 않았다. 한 번의 경험과 그로 인한 깨달음으로 내면이 강한 사람이 됐다. 나르시시스트의 낮은 자존감을 꿰뚫어 볼 수 있는 트루 텔러(true teller)가 됐다.

나르시시스트를 용서한다는 말의 의미

이들에게 감사하다고 해서 이들을 무조건 용서한다는 건 아니다. 그리고 다시 이들에게 돌아가서는 안 된다. 감사와 용서는 우리가 다시 나르시시스트에게 돌아가기 위한 핑곗거리로 쓰는 단어가 아니다. 아프고 괴로웠던 만큼 내면의 깊은 성숙을 이룬 상태에서 용서라는 감정을 끌고 올 수 있다.

또한 용서는 나르시시스트를 위한 것이 아니다. 미움과 분노를 갖고 평생 살아가야 할 피해자를 위한 단어다. 자신을 힘들게 만든 나르시시스트를 원망하는 마음이 당연하지만 이 마음을 가지고는 제대로 살 수가 없다. 그래서 이제는 그 미움과 분노를 내려놓고 성장의 기회로 삼기 위해 용서를 하게 된다.

나르시시스트가 아닌 나를 위해 용서하면
괴로움에서 자유로워질 것이다.

하지만 많은 사람이 이런 용서에 대한 참뜻은 알지 못한 채 다시 나르시시스트에게 돌아가기 위해 용서라는 단어를 사용한다. 지금 당장 자기 마음 편해지겠다고 다시 나르시시스트에게 돌아간 사람들은 '이제 나르시시스트가 바뀌었어'라고 말하지만 절대 그럴 일은 없다.

용서라는 단어를 쓰려면 최소한 본인이 나르시시스트에게 당했지만 그걸 이겨 낼 만큼 단단해진 후여야 한다. 그리고 나르시시스트의 유치한 행동을 진심으로 불쌍하게 여기며 되돌아가지 않을 때 용서라는 감정이 의미가 있다.

"나르시시스트. 지금 생각하니 미성숙한 존재였구나. 그때는 나르시시스트 네가 나의 감정을 파괴했지만, 더이상 나는 너 때문에 파괴되는 사람이 아니야. 나는 내 인생을 위해 나의 길을 갈 거야. 그리고 행복하게 살 거야."

물론 오랜 시간 동안 나르시시스트에게 심리적 지배를 당한 이들이 감사와 용서의 감정을 느끼기는 쉽지 않다. 상상조차 할 수 없는 감정들인 것은 분명하다. 하지만 나르시시스트 때문이 아니라 오로지 자신을 위해서, 한 인간으로 제대로 살고 싶다면 반드시 겪어야 하는 과정이다. 나르시시스트를 향한 미움과 분노를 짊어진 채로 사는 삶은 너무 버겁다.

잠이 오지 않을 만큼 화가 나고 머릿속에서 잊고 싶어도 계속 떠오르는 나르시시스트에 대한 생각을 품은 채로 행복한 삶을 살 수 없다. 분노로 가득한 채로는 미래로 나아갈 수가 없다. 과거를 자꾸 돌아본 채로는 우리는 그 감정에서 벗어날 수가 없다. 그래서 그 분노를 내려놓기 위해서 밉고 싫어도 감사와 용서라는 감정을 끌어와야 한다. 이 모든 과정을 거치면 과거의 당신보다 더 강한 사람이 돼 있을 것이다.

당신은 이미
나르시시스트
생존자다

처음에는 나르시시스트로부터 나의 마음을 다스리기 위한 명상록 같은 글이었다. 흔들리고 좌절하는 나를 일으켜 세우고, 매일 나를 다독이기 위해 글을 썼다. 물론 나 역시 나르시시스트 때문에 휘청거리고 상처받았다. 그러나 두 번째, 세 번째 나르시시스트를 다시 만났을 때 나는 누구보다 강해져 있었다. 그들을 알아보는 눈이 생겼고 더 이상 그들에게 휘둘리지 않게 됐다. 그 과정에서 무엇보다 내 삶에 더 집중하기 위해 노력했다.

무척이나 힘든 시간이었지만 놀랍게도 나르시시스트로부터

혼들리는 나를 내가 붙들고 있을 때가 내 인생에서 가장 빛나는 시기였다. 지금 생각해 보면 그 당시의 나는 내 삶을 지키기 위해 오직 나만 믿었다. 온전히 혼자였지만 누구보다 나를 믿었기에 버틸 수 있었다.

이 책은 나의 생존기다. 이 책을 다 읽은 당신 역시 생존자다. 현재 나르시시스트 때문에 힘든 사람도, 이미 과거의 상처를 안고 있는 사람도, 아직 만나지 않았지만 이들을 피하고 싶은 사람도 모두 생존자다. 당신이 생존했다면 이제 과거의 당신이 아니다. 나르시시스트의 본질을 꿰뚫어 볼 수 있는 사람이 됐다.

인생은 참 재미있다. 조직의 상위 직급에 있던 나르시시스트가 희생양의 승진을 막기 위해 기를 쓰고 괴롭혔지만 잘될 사람은 결국 다 잘됐다. 그들이 아무리 필사적으로 막아도 잘 될 사람들은 다른 루트로 엄청난 기회를 얻었다.

나르시시스트가 내 앞에서 기회의 문을 닫을 때마다 나는 다른 세상의 문을 열기 위해 노력했다. 더 이상 닫힌 문 앞에 서서 문이 열리기만을 기다리지 않았다. 그렇게 새로운 세계의 문을 여니 나르시시스트와는 전혀 다른 삶을 살 수 있게 됐다.

닫힌 문 앞에서 미련을 갖지 않으면 나에게 열린 새로운 문들이 보이기 시작한다. 그리고 더 큰 세상으로 퀀텀 점프할 수 있게 된다. 나르시시스트가 닫은 문 앞에서 좌절하지 말고, 나에게 열려 있는 더 크고 새로운 문을 찾아가야 하는 이유다.

참 역설적이게도 나의 인생이 발전할 수 있도록 도와준 건 모두 나르시시스트였다. 그들을 한 명씩 만날수록 나는 더 성장했다. 가끔은 좌절도 했지만 결국은 웃으며 "나르시시스트 덕분에 이렇게 많이 성장했다"라고 말했다.

다시는 만나고 싶지 않은 나르시시스트이지만 우리는 언젠가 그들을 또 만나게 될 것이다. 다만 분명한 것은 이제는 그들에게 휘둘리지 않는다는 점이다. 이제는 웃으면서 거리 둘 수 있는 사람이 됐으니 걱정하지 않는다.

마지막으로 이 책을 출판하기까지 모든 날이 기적과 같았다. 쉴 틈 없이 원고만 보면서도 신나고 보람되게 작업할 수 있었다. 그동안 내가 느낀 감동과 감탄, 감사를 듬뿍 담아 나르시시스트 피해자에게도 기적이 일어나길 바란다. 지금 나르시시스트가 당신을 벼랑 끝으로 밀고 있어도 울지 않았으면 좋겠다. 당신의 숨은 회복력이 당신에게 날개를 달아 줄 것이다. 그리고 당신은 곧 날아오를 것이다.